은혜가 이끄는 삶

UNLIMITED GRACE: The Heart Chemistry That Frees from Sin and Fuels the Christian Life
by Bryan Chapell

Copyright ⓒ 2016 by Bryan Chapell
Published by Crossway
a publishing ministry of Good News Publishers
Wheaton, Illinois 60187, U.S.A.

This edition published by arrangement with Crossway through rMaeng2, Seoul, Republic of Korea.
All rights reserved.

This Korean Edition Copyright ⓒ 2017 by Word of Life Press, Seoul, Republic of Korea.

이 한국어판 저작권은 알맹2를 통하여
Crossway와 독점 계약한 생명의말씀사에 있습니다. 신저작권법에 의하여
한국 내에서 보호받는 저작물이므로 무단 전재와 무단 복제를 금합니다.

은혜가 이끄는 삶

ⓒ 생명의말씀사 2017

2017년 4월 5일 1판 1쇄 발행
2025년 1월 9일　　6쇄 발행

펴낸이 | 김창영
펴낸곳 | 생명의말씀사

등록 | 1962. 1. 10. No.300-1962-1
주소 | 서울시 종로구 경희궁1길 6 (03176)
전화 | 02)738-6555(본사)·02)3159-7979(영업)
팩스 | 02)739-3824(본사)·080-022-8585(영업)

기획편집 | 박미현, 박혜주
디자인 | 박소정
인쇄 | 영진문원
제본 | 다온바인텍

ISBN 978-89-04-16585-8 (03230)

저작권자의 허락 없이 이 책의 일부 또는 전체를
무단 복제, 전재, 발췌하면 저작권법에 의해 처벌을 받습니다.

은혜가 이끄는 삶

브라이언 채플

UNLIMITED
GRACE

생명의말씀사

CONTENTS

추천의 글 _6
들어가는 글 _9

Part 1
은혜로 반응하는 삶
HEART CHEMISTRY FOR OUR LIVES

1. 은혜는 왕의 선물이다 _15
2. 행위보다 내가 누구인지가 중요하다 _25
3. 법정에서의 순서를 바로 알아야 한다 _35
4. 명령보다 사랑이 먼저다 _47
5. 은혜는 어떤 실패에도 받아 주는 안전한 가족과 같다 _58
6. 은혜의 길을 알아야 한다 _66
7. 자신을 알아야 한다 _78
8. 더 큰 사랑이 죄를 밀어낸다 _89
9. 은혜는 변화의 능력을 준다 _97
10. 받은 은혜를 알면 나누게 된다 _109

Part 2
모든 성경에서 은혜를 찾다
FINDING HEART CHEMISTRY IN THE BIBLE

11. 성경 전체에 은혜가 널려 있다 _123
12. 은혜를 캐내는 훈련이 필요하다 _134

Part 3
은혜에 대한 궁금증
ANSWERING HEART CHEMISTRY'S KEY QUESTIONS

13. 성경의 모든 장에서 은혜를 찾는 쉬운 방법이 있을까요? _153
14. 어떻게 율법주의를 피할 수 있을까요? _161
15. 율법과 은혜 사이에 균형을 어떻게 잡을까요? _171
16. 은혜에 대해 무엇을 적용할까요? 어디서 적용할까요? _175
17. 은혜를 왜 적용해야 할까요? 어떻게 적용할까요? _181
18. '사랑'만이 성경적으로 유일한 동기인가요? _189
19. '두려움'은 어떻게 이해해야 할까요? _195
20. '지옥'의 메시지는 은혜와 상반되지 않나요? _202
21. 이후에 짓는 죄는 어떤 영향을 미치나요? _210

주 _221

추 천 의 글

은혜를 이해하고 적용하는 방법
브라이언 채플은 하나님의 놀라운 은혜에 관심을 쏟게 한다. 많은 그리스도인들이 하나님의 은혜를 이해하고 적용하는 데 어려움을 겪는다. 교회 역시 하나님의 은혜를 공동체에 적용하면서 어려움을 겪는다. 불신 세상도 이 은혜의 메시지가 정말 필요하다. 이런 현실에서, 이처럼 필요하고, 그리스도 중심적이며, 읽기 편한 책을 보게 되어 전율을 느낀다. 진심으로 추천한다!
_ 토니 메리다, 이매고데이교회 목사, 사우스웨스턴신학교 설교학 교수, 『설교다운 설교』의 저자

처음부터 끝까지 은혜다
브라이언 채플은 그리스도인의 삶이 어떻게 처음부터 끝까지 은혜로 이루어지는지를 보여 준다. 죄인과 고통당하는 자들을 향한 하나님의 넘치는 은혜는 성경과 그리스도의 사역이 전하는 가장 심오한 메시지이다. 구원의 확신과 성화를 사그라들지 않게 하려면 이 기쁜 소식이 필요하다. 이 책은 어떻게 삶에서 은혜가 나타나는지 실제적인 질문을 던지면서, 하나님의 은혜를 삶 전체에 적용할 수 있도록 돕는다.
_ 저스틴 홀콤, 회중교회 목회자, 고든콘웰신학교 기독교 사상 교수

하나님의 사랑이 순종을 이해하는 열쇠다

저자는 하나님의 사랑이 어떻게 우리를 내면부터 변화시키는지 알려 준다. 성경을 볼 때 그 본문이 구속자 하나님에 대해 무엇을 가르쳐 주는지를 꼭 질문하라고 저자는 말한다. 나도 하나님의 말씀을 전하는 교사와 지도자들에게 이 질문을 꼭 해 보도록 권한다. 이 책을 읽고 하나님의 사랑이 우리가 순종할 수 있도록 움직이는 힘이라는 사실을 기억하길 바란다.

_ 트레빈 왁스, 『The Gospel Project』 편집자, 『일그러진 복음』의 저자

은혜가 작동하는 마음의 화학 반응

선지자가 "내 길은 너희 길과 다르다"고 하나님의 말씀을 대언해 선포하면 우리는 고개를 끄덕이며 동의를 표하지만 동시에 그럴 리가 없다고 생각한다. 실은 우리가 더 잘 안다고 생각하는 것이다. 하나님께서 그분의 백성을 감화시켜 거룩한 삶을 원하도록 하는 일에 대해서는 더욱 그렇다. 우리는 하나님의 은혜가 파격적일수록 죄에 대해서도 파격적으로 관대해진다고 생각한다. 그러나 브라이언 채플은 우리가 '마음의 화학 반응'을 이해하지 못하기 때문이라고 지혜롭게 말한다. 무엇이 우리 마음을 움직여 사랑을 갈망하게 할까? 무엇이 우리를 자아에서 벗어나 이웃을 향하게 하는 것일까? 브라이언 채플 목사님은 오랫동안 내 삶에 하나님의 은혜의 음성을 들려 주셨다. 그분은 은혜가 베풀어지는 마음의 화학 반응을 진정 이해하고 계신다. 그분의 신실한 삶과 사역에 감사드리며 이 책을 추천한다. 나는 이 책을 좋아한다. 여러분도 그럴 것이다.

_ 엘리즈 피츠패트릭, 상담가, 강사, 『자녀 교육, 은혜를 만나다』 저자

은혜에 관한 균형 잡히고 명쾌한 해답

하나님의 은혜를 다루는 책 가운데 이렇게 균형 잡히고 실제적이며 명쾌한 책은 별로 없다. 저자의 목회 경험이 깊이 배어 있으며 인간의 마음을 사실적으로 평가하면서도 공감을 잊지 않는다. 그러면서도 그리스도가 중심된 소망의

메시지가 담겨 있다. 또한 이 책에는 우리가 어떤 행동을 하는 이유와 어떻게 하나님의 은혜 안에 살 수 있는지를 알려 주는 통찰이 가득하다. 브라이언, 감사합니다. 유익했습니다.

_ 도날드 휘트니, 남침례신학교 교수

은혜의 능력을 알고 누리라

브라이언 채플은 하나님의 은혜가 한없이 풍성하며 우리를 변화시키는 능력이 있음을 알고 누리도록 우리를 초청한다. 내가 이 책에 대해 흥분을 금치 못하는 여러 가지 이유가 있다. 그중 제일은 하나님의 은혜를 지나치게 강조할까 봐 두려워하는 사람들에게 저자가 전해 주는 소중한 지혜다. 저자는 학자의 지성과 목사의 마음으로 은혜와 견줄 것은 아무것도 없음을 알려 준다. 은혜를 분명 잘못 사용할 수 있다. 하지만 예수님의 삶과 죽음, 부활로 하나님이 우리에게 베풀어 주신 은혜는 아무리 강조해도 지나치지 않는다. 하나님의 은혜, 그 은혜만이 우리가 하나님의 영광을 위해 살고 사랑할 동기이며 수단이다.

_ 스코티 스미스, 상주 교사, 웨스트엔드커뮤니티교회

들어가는 글

은혜장로교회에서 목회하던 기간은 내가 사역하면서 가장 많은 축복을 누린 때였다. 나는 세인트루이스의 커버넌트 신학대학원에서 30년간 교수와 행정 사역을 하고 이 유서 깊은 교회로 청빙을 받았다.

이 교회는 내가 거절할 수 없는 세 가지 매력적인 청빙 조건을 제시했다. 첫째, 내 가족과 친구들 가까이에 교회가 있었다. 둘째, 행정 업무에서 벗어나 내가 원하는 설교와 가르침에 전념할 수 있도록 탁월한 행정 목사와 직원을 지원해 주겠다고 했다. 셋째, 이 이유가 가장 중요한데, 교회 지도자들이 자신들의 삶과 교회의 비전을 변화시킨 복음의 은혜로 섬길 수 있도록 도와달라고 요청했다.

은혜장로교회는 오랫동안 지역 사회에 큰 영향을 끼치고 있었다. 교회의 위상과 영향력이 커지면서 선한 일을 많이 했고 많은 사람을 도와주었다. 그러나 어느 단계에 이르자 성장이 멈추고 교회가 분열되었으며 사람들이 교회를 떠났다. 지도자들은 다른 사람들을 비난하거나 최신 성장 이론을 시도해 보거나 자신들이 교회를 떠날 수도 있었다. 그러나 그렇게 하는 대신 이들은 이렇게 고백했다. "우리는 교만해지고, 내면을 포장했으며, 자기중심적이었음을 고백합니다. 우리는 겸손하게 이끄는 법을 배워 매일 복음에 의지하며 그리스도의 이름으로 진심을 다해 다른 사람을 섬길 수 있도록 도움이 필요합니다. 우리는 은혜가 단지 교회의 이름이 아니라 우리 정체성이 되기를 원합니다."

자기반성과 소망을 담은 이 정직한 고백이 무엇보다 나를 은혜장로교회로 이끌었다. 이들이야말로 나보다 더 은혜의 복음을 잘 이해하는 지도자들이라는 생각이 들었다. 그리하여 이 소중한 사람들과 함께 복음의 은혜로 죄에서 자유하게 되고 삶을 새로운 소망과 기쁨으로 채울 수 있는 방법을 찾는 여정에 들어섰다.

이 책은 우리가 함께 배운 것을 돌아보고 복음의 수고에 동참하는 사람들을 이끄는 데 필요한 가치들을 가르치려는 노력이다. 부제에 쓴 '마음의 화학 반응(Heart Chemistry)'이라는 말은 복음의 은혜에 초점을 둔 사역에서는 공통적으로 관심을 두는 주제일 것이다.

영적인 셈으로 따져볼 때, 많은 사람이 하나님께서 용서하신다고만 가르친다면 사람들이 죄를 짓지 않으려고 노력할 이유가 없다고 결론짓는다. 이런 반론에 부딪힐 때마다 나는 "너희가 나를 사랑하면 나의 계명을 지키리라"(요 14:15)고 하신 예수님의 말씀을 기억하라고 대꾸한다. 구주께서는 헌신된 마음에서 일어나는 화학 반응이 이것저것 따지는 머리의 계산보다 훨씬 강하다는 것을 아셨다.

우리를 향한 하나님의 은혜가 얼마나 큰지 체험하게 되면, 우리 마음이 주님의 마음과 연합하게 된다. 그러면 주님은 '우리가 원하는 것'을 바꾸셔서 주님의 우선순위가 우리의 가장 큰 즐거움과 사랑이 되고, 거부할 수 없는 것이 되게 하신다. 은혜의 축복을 통해 예수님과 동행하는 일이 공로, 이익이나 보호를 얻기 위해서 어쩔 수 없이 하는 행위가 되지 않고, 오히려 사랑과 감사에서 나오는 자발적인 반응이 된다.

이 책의 1부에서는 은혜 때문에 우리가 죄로 물든 삶의 죄책감과 수치심에서 자유로울 수 있으며 그리스도인의 삶의 힘인 기쁨을 매일 공급받을 수 있음을 살펴볼 것이다.

2부에서는 설교자와 교사, 상담자, 멘토, 부모를 비롯하여 하나님의 말씀을 나누는 모든 사람들이 성경의 모든 부분에서 은혜를 찾는 방법을 설명할 것이다. 은혜는 성경 속 하나의 부수적인 주제가 아니라 예수님의 사역과 메시지에서 정점에 이르는 일관된 주제임을 모두가 알게 되기를 바란다. 성경 모든 부분에서 은혜를 발견할 수 있으면 성경을 선해지는 법이나 우리 유익을 챙기기 위한 본문만 찾아 분리하지 않을 것이다. 오히려 은혜는 하나님을 사랑하는 삶의 동기를 부여하고 가능하게 한다.

3부에서는 은혜를 발견하는 법, 은혜를 남용하지 않는 법을 묻는 질문에 답했다. 나는 어려운 질문을 피하지 않고 쉽게 답하려고 노력했다.

4부는 이 책에 없다. 이 부분은 은혜의 복음이 우리를 구주의 마음속으로 얼마나 깊고 멀리 인도하는지 알려고 할 때 하나님께서 우리 마음과 교회에 기록하실 것이다.

HEART CHEMISTRY
FOR OUR LIVES

PART 1

은혜로 반응하는 삶

은혜는 왕의 선물이다
행위보다 내가 누구인지가 중요하다
법정에서의 순서를 바로 알아야 한다
명령보다 사랑이 먼저다
은혜는 어떤 실패에도 받아 주는 안전한 가족과 같다
은혜의 길을 알아야 한다
자신을 알아야 한다
더 큰 사랑이 죄를 밀어낸다
은혜는 변화의 능력을 준다
받은 은혜를 알면 나누게 된다

chapter 1
은혜는 왕의 선물이다

    옛날 한 왕이 있었다. 왕은 궁전 창밖으로 그의 어린 자녀가 멀리 들판에서 꽃을 꺾고 있는 것을 발견했다. 왕은 자녀가 꽃을 꺾어서 바구니에 담고 화려한 리본으로 묶는 것을 보고 미소를 지었다. 그 리본은 왕실용으로 꺾고 있는 꽃이 자기에게 바칠 선물임을 의미했기 때문이다. 그런데 왕이 보니 어린 자녀는 꽃만 꺾는 것이 아니었다. 이따금씩 들판의 잡초도 담고, 숲 가장자리에 자라는 담쟁이와 웅덩이 옆에 있는 엉겅퀴도 꺾어 담고 있었다.

    애쓰는 자녀가 안타까웠던 왕은 자녀를 돕고 싶었다. 왕은 자기 오른편에 앉아 있던 맏아들에게 한 가지 임무를 주었다. "내 정원으로 가서 거기 자라는 꽃들을 꺾어 오렴. 그리고 네 동생이 왕궁으로 돌아오거든 아이의 꽃바구니에서 내 궁전에 적합하지 않는 것을 모두 빼내거라. 대신 내가 기른 꽃들을 채워 꽃바구니가 제대로 꾸며지게 하려무나."

맏아들은 아버지가 지시한 대로 했다. 어린 동생이 왕궁으로 돌아왔을 때 형은 잡초와 담쟁이, 엉겅퀴를 제거하고 왕의 정원에서 가져온 꽃들로 대신 채웠다. 그런 다음 왕실용 리본으로 꽃바구니를 다시 묶어서 동생이 왕에게 선물로 드리도록 했다. 어린 자녀는 환한 미소를 지으며 왕궁으로 들어가 선물을 드리며 말했다. "아버지, 여기 제가 아버지를 위해 준비한 아름다운 꽃바구니를 드립니다."[1] 나중에야 아이는 그 선물이 아버지의 은혜로운 준비로 받을 만한 선물이 되었다는 걸 깨닫게 될 것이다.

선행의 잡초를 대신하는 은혜

이 오래된 이야기를 들으면 하늘 아버지의 은혜가 떠오른다. 우리 각자는 선행이라는 잡초로 가득한 꽃바구니를 든 자녀이다. 열과 성을 다해 하나님을 영화롭게 하려고 노력할지라도 우리 행위는 결코 거룩한 하나님의 보좌가 있는 곳에 합당하지 않다. 그래서 영원하신 우리 왕께서는 은혜로 그분이 요구하시는 거룩함을 마련해 주신다. 왕께서는 그의 영원한 아들 예수 그리스도를 보내셔서 우리와 우리 행위를 천국에 합당하게 만드신다.

그리스도의 죄 없는 삶과 희생의 죽음, 승리의 부활은 하나님께서 우리의 '잡초 같은' 행위를 대신하도록 마련하신 완전한 꽃이다. 우리가 우리 자신의 선행이나 의도를 의지하지 않고 예수님께서 마련해 주신 것을 의지할 때, 주님은 우리의 삶이라는 꽃바구니에서 흠 있고 악한 행위들을 제거하시고 대신 주님의 완전함으로 채워 주신다. 우리를 위한 그리스도의 역사 때문에 우리가 천국 하나님의 보좌 앞에 설 때 그분께 드린 모든 것이 올바른 것이 된다. 하나님의 은혜로 그리스도께서 꽃을 제공하셔서 우리 삶의 꽃바구니가 하나님께서 받으실 만하고 기뻐하시는 것이 된다.

이 책의 목적은 은혜의 진리가 우리 삶의 마지막 때에 하나님께서 우리를 받아 주시는 데 어떻게 영향을 끼치는지와 매일매일 하나님을 영화롭게 하려는 우리의 노력에 어떻게 힘을 주는지를 밝히는 것이다.

은혜가 어떻게 우리 매일의 삶에서 그리스도를 닮게 만드는지 늘 명확하지는 않다. 우리의 죄를 그리스도의 의로 대신하는 은혜도 고귀하고 하나님이 요구하시는 거룩함을 하나님께서 마련해 주신다는 것을 아는 지식도 큰 위로가 되지만, 그 확신이 우리를 안심시키는 건 잠시뿐이다.

만일 우리 행위가 하나님 앞에 설 수 있는 기초가 아니라면 행위는 중요하지 않다는 말인가? 하나님이 결국 마지막 때에 그리스도의 의를 우리 의로 여기신다면 우리가 굳이 유혹을 이기려 애쓰고 하나님께 순종하려고 할 이유가 있을까?

머리로 따져 보는 계산

이 질문에 대답을 하려면 하나님께서 그리스도의 의로 우리의 불완전함을 대신하신다는 주장에 현실적인 문제가 있음을 인정해야 한다. 머리로 계산을 해 보면 "하나님이 결국 그리스도의 선한 행위로 우리 악한 행위를 대신하신다면, 지금 얼마든지 죄를 지어도 괜찮다"는 결론이 나온다. "먹고 마시자, 내일 죽을 터이니 즐기자"라고 노래하는 대신 "먹고 마시자. 하나님이 용서하실 것이니 즐기자"라며 낄낄대도 된다. 하나님의 용서에 대한 확신은 W. H. 오덴의 소설에 나오는 헤롯 왕의 추론에 빠질 위험이 있다. "나는 죄 짓는 걸 좋아해. 하나님은 용서하기를 좋아하시지. 정말 감탄스러울 만큼 잘 짜여진 세상이 아닌가."[2]

이런 식의 논리에 어떻게 대답해야 할까? 먼저 우리는 이런 음흉한 계산 때문에 복음을 부정해서는 안 된다. 훗날 하나님께 용서받지 못할 거라고 이런 사람들에게 경고하면 일부는 두려움을 느끼고 일시적으로 선한 행위를 할지도 모른다. 그러나 이런 메시지는 그리스도에 대한 믿음을 저버리는 것이다. 예수님께서는 사람들의 죄를 대신해 최종적으로 형벌을 받으셨다. 하나님께서 이것을 믿는 모든 사람을 완전히 용서하신다고 예수님께서 가르치셨고 이를 위해 생명을 주셨다(요 3:16). 하나님은 예수님이 자신들을 용서해 주신다고 진심으로 신뢰하는 사람들을 진정으로 용서하신다. 언제든 우리가 겸손하게 하나님께로 돌이켜 그의 은혜를 간구하면 하나님은 은혜를 주신다.

하나님의 은혜가 우리 모든 죄보다 크며 언제나 죄를 해결할 수 있음을 부인하는 메시지는 전혀 '기독교적'이지 않다. 그리스도의 기준에 부합하는 새로운 순종과 일상의 삶이 하나님의 용서를 '체험'하도록 만들 수 있다. 그러나 이것은 우리의 공로로 획득하는 것이 아니다.

하나님은 우리가 그의 자비와 용서를 얻을 수 있을 만큼 선해지기를 기다리시지 않는다. 성경은 하나님의 자비가 필요하다고 진심으로 고백하면 진정으로 사함을 얻는다고 가르친다(요일 1:9). 비록 우리의 죄가 주홍같이 선명해도 하나님은 눈과 같이 희게 씻어 주신다(사 1:18). 하나님은 살인한 자, 간음한 자, 학대한 자, 험담한 자, 도적질한 자, 거짓말한 자들을 용서해 주신다(딤전 1:8-16).

하나님은 우리를 용서하신다. 우리를 위해 그리스도께서 하신 일이 해결 못할 죄는 없다(롬 5:20; 벧전 2:24). 우리 삶의 꽃바구니에 아무리 악한 잡초가 있어도 그리스도께서 들어내시고 하나님의 영원한 용서라는 향기로운 꽃으로 대신 채우신다.

마음을 변화시키는 화학 반응

하나님께서 자격 없는 자들은 용서하지 않으신다고 위협해 선한 행위를 이끌어 내는 게 아니라면 하나님의 은혜를 악용하는 저 교묘한 속셈에 어떻게 맞설까? 어설픈 논리보다 강력한 힘이 필요하다. 개인의 편의와 즐거움, 이익을 계산하는 것보다 강한 동기를 제공해야 하는 것이다.

우리가 그리스도를 섬기도록 동기를 부여하고 능력을 제공하기 위해 성경이 사용하는 힘은 마음을 본질적으로 변화시키는 화학적 반응, 즉 사랑이다. 예수님은 "너희가 나를 사랑하면 나의 계명을 지키리라"(요 14:15)고 하셨다.

사도 바울은 이 말씀을 반영해 "그리스도의 사랑이 우리를 강권하시는도다"(고후 5:14)라고 말했다. 우리 주님과 그의 사자들은 머리로 계산하는 산술보다 더 강한, 감사를 만들어 내는 마음의 화학 반응을 옹호한다. 우리를 향한 하나님의 큰 은혜가 우리 안에 섞이면 그 반응으로 하나님을 향한 사랑이 일어난다. 하나님을 기쁘시게 하고 영광을 돌리고 싶어진다.

우리를 향한 하나님의 자비는 우리 안에 감사가 넘쳐 하나님을 위해 살기를 소원하게 만든다. 사랑이 우리를 강권하는 것이다.

이 강권함은 얼마나 강할까? 이보다 강한 것은 없다. 이것은 단순히 감정에 호소하는 지나친 감상주의가 아니다. 인간에게 가장 강력한 동기를 부여하는 힘은 사랑이다. 죄책감이 더 강할 수 없다. 두려움도 더 강하지 않다. 이익도 더 강하지 않다.

어머니가 불타는 건물 안으로 뛰어 들어가는 이유는 무엇인가? 자녀를 향한 사랑이다. 이런 사랑은 자기 보호, 자기 보존, 자기 발전보다 강하다. 이런 사랑은 그 대상을 보호하고 발전시키고 지키는 데서 가장 큰 만족과 성취감을 누린다. 하나님을 향한 사랑을 가장 우선순위로 둔 그리스도인은 또한 하나님의 목적에 가장 큰 동기부여를 받고 능력을 받는 사람이다.

우리를 움직이는 동기가 많이 있고, 성경이 호소하는 동기도 많지만, 하나님을 위해 이루어지는 모든 것의 기초이자 우선순위는 하나님을 향한 사랑이다. 이것이 아니면 우리가 드러내는 신앙은 만족을 모르는 이기심의 형태가 될 수밖에 없다.

그래서 예수님은 다른 모든 것보다 주님을 사랑하는 것이 하나님에 대한 신실함의 기초라고 가르치셨다(마 22:37-38). 이 사랑이 우리가 하나님을 기쁘시게 할 때 가장 깊은 만족을 얻게 하며, 또 그렇게 할 수 있는 가장 큰 힘을 준다. 자연스럽게 가장 사랑하는 분에게 우리의 마음을 다하고 목숨을 다하고 뜻을 다하게 된다.

은혜는 능력이 있다

이렇게 강권하는 사랑을 일으키는 힘은 무엇일까? 대답은 간단하다. 성경은 "우리가 사랑함은 그가 먼저 우리를 사랑함이라"(요일 4:19)라고 말한다. 하나님의 가장 위대한 사랑의 표현은 그의 아들을 주셔서 우리 죄에 대한 형벌을 대신 갚게 하신 것이다. 우리는 예수님의 희생을 통해 죄 사함을 얻었고 죄의 폐해로부터 영구히 해방되었다(요 15:13; 요일 3:15). 우리를 향한 하나님의 은혜의 위대함을 이해하게 되면 우리 안에서 사랑의 화학 반응이 일어난다. 하나님의 은혜를 더 많이 알수록 사랑은 더 강해진다.

예수님은 사함을 많이 받을수록 더 많이 사랑한다고 가르치셨다(눅 7:47). 죄에 대한 형벌과 그 결과인 지옥에서 구원받은 사실을 더 깊이 깨달을수록 사랑이 더욱 강해지는 것이다. 바로 그 때문에 예수님과 사도들은 많은 시간을 들여 지옥에 대해 경고했다. 겁을 주어서 천국으로 몰아가려는 게 아니었다. 사실 그런 것은 실제로 통하지도 않는다.

지옥에 대해 경고하는 이유는 그리스도께서 우리에게 주시는 영원한 구원을 영혼 깊이 이해하게 하려는 의도이다. 그리스도의 은혜로 우리는 죄책감, 공허함, 탈진에 빠지게 만드는 정욕과 온갖 추구하는 것에 매인 노예 상태에서 해방되었다. 그 해방으로 우리를 구원하는 분을 받아들이고 영화롭게 하기를 갈망하게 된다. 하나님의 은혜가 이 두 가지를 가능하게 하는 것이다.

마음에서 일어나는 화학 반응은 경건에 불을 붙인다. 이것은 끝없이 개인이 감수해야 하는 위험과 보상의 대가를 따져 보는 머리의 계산보다 더 강력하고 능력이 있다. 머리로 계산하면 때로는 죄마저도 허용 가능해질 수 있다. 그러나 새로워진 마음의 우선순위는 머리의 계산을 능가한다.

은혜가 하나님을 향한 사랑에 불을 붙이면 하나님께서 중요하게 여기시는 것이 우리의 우선순위가 된다. 하나님을 가장 잘 섬기고 영화롭게 하는 것이 가장 큰 만족과 기쁨이 된다. 그 결과 사도 바울은 하나님의 은혜가 "경건하지 않은 것과 이 세상 정욕을 다 버리고 신중함과 의로움과 경건함으로 이 세상에 살도록"(딛 2:12) 우리를 훈련시킨다고 주장한다. 그의 주장은 인간의 직관에 반하고, 머리로 이해할 수 없지만 삶을 변화시키는 확신이었다.

마음이 변한다

어떻게 그런 일이 일어날까? 은혜가 죄 용서를 의미한다면 나쁜 행위는 어떻게 억제할 수 있을까? 사람들이 "이제 은혜 티켓을 얻었으니 죄의 도시로 가자!"라고 하지 않을까? 대답은 "은혜는 은혜를 받은 사람을 이끌어 은혜를 주신 분에게 더욱 가까이 가게 만든다"는 것이다.

자비와 사랑은 우리 마음을 그리스도의 우선순위로 이끈다. 유혹이 떼어 내지 못한다. 은혜로 충만한 세상에서는 법이 바뀌는 게 아니라 소원이 바뀐다. 하나님의 은혜는 우리가 '원하는 것'을 변화시킨다.

하나님의 은혜를 경험하기 전에는 하나님에 대해 적대적이거나 무관심하다(롬 8:7). 그러나 하나님의 온유와 자비를 깊이 경험하고 동시에 우리가 그것을 받을 자격이 전혀 없음을 깊이 깨닫게 되면, 하나님을 사랑하는 것 외에 어떤 것도 원하지 않게 된다. 하나님께서 사랑하시는 것, 하나님께서 사랑하시는 사람만 사랑하고 싶어진다.

은혜가 죄의 유혹을 모두 제거하는 것이 아니다. 은혜로 생기는 더 큰 사랑 때문에 죄가 힘을 갖게 하는 죄에 대한 사랑이 무너지는 것이다. 이런 역학적 원리가 그리스도인의 삶에서 일어나는 변화의 능력을 설명해 준다. 다시 말해 우리는 가장 사랑하는 것의 지배를 받는다.

알코올 중독자는 중독의 결과를 증오하고 자기의 가족을 매우 사랑할 수 있지만 취했을 때는 술이 더 강하다. 일 중독자는 자기 자녀를 진심으로 사랑할 수도 있지만 일이 주는 보상을 더 사랑하기에 자녀로부터 멀어진다. 간음하는 사람이 진심으로 배우자에게 "그 사람은 아무것도 아니야. 난 당신을 사랑해"라고 말할 수도 있지만, 부정을 저지를 때는 욕정을 배우자보다 더 사랑한다. 마찬가지로 범죄하는 그리스도인은 정말 정직하게 "나는 예수님을 사랑합니다"라고 말할 수도 있지만, 불순종과 거역의 순간에는 예수님보다 죄를 더 사랑한다. 최종적으로 가장 사랑하는 것에게 지배를 받는 것이다.

진정한 변화(극복 불가능한 것 같은 죄와 이기심을 이기는 능력)는 그리스도가 우리의 최고의 사랑이 될 때 찾아온다. 그렇게 될 때 그리스도를 기쁘시게 하고 영화롭게 하는 모든 것이 우리의 가장 깊은 즐거움, 최고의 목적, 최선의 노력의 근원이 된다. 우리가 그리스도에게 영광을 돌리는 것은 단순히 의무나 결심 때문이거나 하나님의 진노를 피하려는 것이 아니다. 우리의 가장 큰 기쁨이 가장 사랑하는 분을 기쁘시게 하는 데 있기 때문이다. 그 결과 여호와를 기뻐하는 것이 우리의 힘이 된다(느 8:10).

사랑이 부족하여 생긴 중독의 사슬과 죄의 습관, 냉담함의 습관을 극복하려면 우리를 구원하시는 분을 향한 사랑이 이보다 더 강하면 된다. 주님을 기쁘시게 하는 것이 가장 큰 즐거움이 될 때 우리 삶을 최대한 그분의 뜻을 위해 드리게 된다.

그리스도께서 중요하게 여기시는 것에 대한 열심 때문에 그리스도인들은 극심한 고통을 겪으면서도 평온함을 유지하고, 재산을 잃으면서도 예수님을 향한 열정이 줄어들지 않으며, 가정의 불화를 당하면서도 주님의 사랑을 계속 증거하고, 구주의 마음을 드러내기 위해 고초를 당하면서도 찬양을 하고, 대가에 대한 미련 없이 죄에서 돌아선다.

인간의 계산으로는 이런 우선순위를 설명할 수 없다. 그러나 마음은 이런 선택을 완벽하게 이해하고 또 그렇게 행동한다. 다음 장부터는 하나님의 은혜의 진리가 마음의 화학 반응을 이끌어 내어, 우리 삶이 추구하는 초점과 힘을 변화시키는 방법을 살펴볼 것이다.

chapter 2
행위보다 내가 누구인지가 중요하다

경건한 삶을 만들어 내는 마음의 화학 반응에 은혜가 그렇게 중요한 이유는 무엇일까? 이 질문에 답하기 위해서 먼저 은혜가 무엇인지 이해해야 한다. '은혜'는 받을 자격이 없는 자에게 베푸시는 하나님의 호의로 필립스 브룩스(Phillips Brooks)는 "그리스도를 희생하여 주시는 하나님의 풍성하심"(God's Riches At Christ's Expense: GRACE)이라고 말했다.

하나님은 완전히 거룩하시기 때문에 우리의 노력을 근거로 하나님의 인정을 받아 낼 수 없다. 하나님은 완전하시지만 우리는 완전하지 않다(롬 3:23). 우리는 악한 인간성 때문에 끊임없이 문제를 일으키고 이기적으로 이익을 추구하거나, 하나님의 거룩한 본성에 부합하는 수준의 선함에 이르지 못한다. 그렇기 때문에 우리가 하나님과 거룩한 관계를 맺을 수 있도록 하나님께서 자기 아들 예수님을 보내셔서, 우리 실패와 부족함(이것을 성경은 '죄'라고 한다)에 따른 정당한 형벌을 대신 받게 하셨다.

예수님은 영적으로 완전하기 때문에 십자가의 희생적 죽음은 그를 의지하는 사람들의 죄를 완전히 상쇄하여 하나님과의 문제를 해결할 수 있다. 예수님은 우리 죄를 대신 지셨고, 우리는 그의 의를 갖게 되었다(고후 5:21). 하나님이 보시기에 거룩해졌다는 의미이다. 그래서 은혜는 그리스도의 희생으로 주어진 하나님의 풍성한 축복을 얻는 것이다. 이것이 은혜의 핵심이다.

흙 묻은 손으로 흰 셔츠를 빤다면

예수님은 죄의 형벌을 받을 필요가 없는 분이셨다. 그러나 하나님의 마음을 생각하여, 자신의 도움이 필요하다고 기꺼이 시인하는 모든 사람의 죄를 대신해 십자가에 달려 고난을 당하셨다.

하나님은 사람들에게 자신의 생각을 강요하지 않으신다. 하나님의 도움이 필요하다고 생각하지 않거나 원하지 않으면 당신의 죄를 해결하기 위한 하나님의 대책을 자유롭게 거부할 수 있다. 그러나 문제가 있는데, 자신의 노력으로 하나님께 받아들여지려고 하는 사람은 마치 흙 묻은 손으로 흰 셔츠를 빠는 사람과 같다.

거룩하지 못한 사람은 스스로 거룩하신 하나님께 받아들여지게 할 수 없다. 그렇기 때문에 하나님께서 예수 그리스도라는 은혜를 마련하셨다. 우리가 하나님 앞에서 올바르게 되려면 예수님이 대신 우리 죄에 합당한 형벌을 받아야만 한다.

하나님은 세상의 죄를 보고 "별 거 아니야. 그냥 넘어가겠어"라고 하지 않으신다. 죄를 지은 사람에게는 그게 은혜처럼 보일지 모르지만, 그 죄악으로 고통을 당하는 사람의 입장에서는 하나님께서 모든 죄를 무시해 버리시는 모습으로 비춰져 전혀 은혜로운 일이 아니게 된다.

은혜로운 마음에서 나온 공의

우리 가족 중 한 사람이 공격을 당해 그 범인이 체포되어 재판을 받게 되었다고 가정해 보자. 그때 판사가 범죄한 사람에게 어떤 벌도 내리지 않는다면 우리는 '잘하고 있다'고 생각할 수 없다. 공의의 심판이 없는 세상은 은혜가 없는 세상이다. 그런 세상은 악이 지배한다.

그러면 하나님은 어떻게 해서 공의를 실행하면서 또 한편으로는 은혜를 유지하실까? 하나님은 그의 아들을 주셔서 우리 죄에 마땅한 형벌을 대신 담당하게 하셨다(롬 3:23-26).

하나님은 가만히 계시지 않았다. 첫째, 하나님은 죄에 대해 공의로운 심판이 있게 하셨다. 예수님이 십자가에서 우리의 죄에 마땅한 형벌을 받도록 하셨다.

그러나 그게 끝이 아니었다. 공의로우면서 동시에 은혜롭기 위하여 하나님은 죄를 두 번 벌하지 않는다고 선언하셨다. 그리스도의 하늘에 속한 속성과 완전한 삶 때문에 그의 희생은 그를 대속물로 삼기 원하는 모든 사람을 위한 충분한 형벌이 되었다. 공의의 저울이 균형을 이루면 하나님은 더 이상 형벌을 요구하지 않으신다(롬 6:10; 히 7:27; 10:12-18).

완전히 다 갚았다

하나님은 공의로운 분이시기 때문에 이중 처벌을 하지 않으신다. 한번 죄에 대한 대가가 지불되면 거듭 지불할 필요가 없다. 또 하나님은 은혜로우시므로, 자기가 받아야 할 형벌을 예수님이 받은 형벌로 대신하기를 원하는 사람이라면 누구나 지금도 앞으로도 영원히 더 이상 형벌을 받을 필요가 없도록 결정하셨다(히 9:22-26).

이 은혜로운 조치를 볼 때, 우리가 죄에 대한 형벌에서 해방되는 것이 우리 자신의 공로가 아니라 오로지 하나님께서 베푸신 자비의 결과임은 분명하다(롬 9:16; 갈 2:16). 우리가 하나님 앞에서 충분히 선해지기 전에 먼저 하나님께서 우리에게 선을 베풀기로 하셨다(엡 1:3-5). 사실 우리를 위해 그리스도를 예비하신 것은 우리가 그의 희생을 받아들이기로 결심하기 전이다(벧전 1:17-21; 계 13:8). 우리는 하나님의 은총을 얻을 자격이 있을 정도로 선하지 않으므로, 이제 그리스도와 그를 통해 예비하신 것이 필요하며 의지한다고 인정해야 한다.

그리스도께서 예비하신 것을 무시하면 어떤 일이 일어날까? 그러면 심판의 날을 맞이할 때 예수님이 필요하다고 믿지 않은 이유를 해명해야 한다. 하나님께서 영원히 함께 거하실 수 있을 만큼 스스로가 거룩하다는 것도 입증해야 한다. 자신의 불완전함을 깨닫기 시작한 사람들과, 자신의 큰 죄악을 아는 사람들은 모두 이런 미래가 닥칠 것을 두려워한다.

그러나 우리는 두렵지 않다. 예수님이 필요함을 인정하면, 하나님께서 자비를 베푸셔서 우리를 죄와 허물에 합당한 심판에서 해방시켜 주신다고 약속하셨기 때문이다. 우리가 해방될 만한 일을 했기 때문이 아니라 예수님께서 하신 일 때문에 말이다.

그릇된 길로 이어지는 내면의 대화

하나님의 은혜의 기반인 이 자비를 이해하면 이번 장을 시작하면서 제기한 질문에 답할 수 있다. "경건한 삶을 만들어 내는 마음의 화학 반응에 은혜가 왜 그렇게 중요한가?" 분명한 답은 은혜가 감사하는 마음에서 우러나오는 경건을 증진시킬 뿐 아니라 자기를 섬기는 교만에서 벗어나게 한다는 것이다.

만일 "하나님과의 관계에 문제가 없습니까? 하나님이 당신을 사랑하심을 아십니까?"라고 물으면 사람들의 머릿속에서는 자동적으로 내면의 대화가 일어난다. 머릿속의 대화는 대체로 이렇게 진행된다. "흠, 나와 하나님 사이에 문제가 없냐고? 어디 보자. 내 행동은 어떻지? 어제오늘 나는 선한 사람이었나? 다른 사람들에 대한 책임을 다했을까? 의식적으로 또는 무의식적으로 나쁜 짓을 하지 않았을까? 나는 자격이 될까?"

하나님의 사랑을 받을 수 있는지 물어보면 거의 대부분 자신의 행위 또는 능력을 바탕으로 대답을 한다. 앞에서 말한 하나님의 자비하심을 통해 내면에서 일어나는 이런 대화가 왜 잘못되었는지 힌트를 얻어야 한다. 물론 자신의 행위가 하나님을 기쁘시게 하는지에 관심을 가져야 마땅하지만, 성경은 분명히 우리의 행위가 하나님께서 받아 주실지 받아 주시지 않을지를 결정하는 것이 아니라고 말한다. 이를 결정하는 것은 하나님의 자비이다(딛 3:4-5).

선한 의도가 우리를 망친다

우리의 선한 행위나 의도가 적절하지 못한 이유는 그 자체가 선하지 못해서가 아니라 충분히 선하지 못하기 때문이다. 우리 하나님은 거룩하셔서 자기 백성들에게 거룩함을 요구하신다(벧전 1:16).

거룩은 완전한 순결을 말한다. 악이나 쓴 뿌리, 이기심, 교만, 다른 사람을 무시하는 행동 등이 전혀 없는 것이 거룩이다. 사랑과 배려가 깃든 일을 많이 하더라도 하나님의 거룩한 기준에는 미치지 못한다. 그래서 이사야 선지자는 우리의 행위가 아무리 선하다 해도 "더러운 옷"(사 64:6)과 같다고 말했다.

이는 구약 성경만의 관점이 아니다. 예수님도 우리가 마땅히 할 일을 다 해도 여전히 천국에 들어가기에는 부족하다고 하셨다(눅 17:10). 하나님의 가족이 되는 자격은 우리의 선한 행위로 얻어지는 것이 아니라 그리스도께서 우리를 위해 예비해 주신 것을 의지해 받는 선물이다.

은혜가 우리를 구한다

사도 바울은 "너희는 그 은혜에 의하여 믿음으로 말미암아 구원을 받았으니 이것은 너희에게서 난 것이 아니요 하나님의 선물이라 행위에서 난 것이 아니니 이는 누구든지 자랑하지 못하게 함이라"(엡 2:8-9)라고 하였다. 이는 우리의 행위로 하나님의 사랑을 결정하는 것이 바르지 못함을 강조한 말씀이다. 하나님은 은혜 때문에 우리를 받아 주시지 우리의 행위 때문이 아니다. 대부분의 그리스도인은 이 진리가 친숙하며 고개를 끄덕이지만 이것이 우리의 일상생활에 주는 의미는 이해하지 못한다.

여기서 분명한 시사점을 얻을 수 있다. 선한 행위는 우리를 천국으로 이끌거나 지옥에서 끌어내지 못한다. 선을 쌓아서 하나님께 받아들여지길 바라는 사람들은 원칙을 바꾸어야 한다.

그렇다고 우리 행위가 하나님께 중요하지 않다는 건 아니다. 선한 행위를 할 때 우리가 한 일에 대한 보상이나 형벌에 대한 두려움이 동기가 되어서는 안 된다는 것이다.

천국에 들어가게 한다거나 지옥에 빠지지 않게 해 준다는 약속으로 선한 행위를 이끌어 낼 수 없다. 선한 행위는 하나님과 우리가 관계를 맺는 기초도 아니다. 이런 것이 하나님 나라에는 통하지 않는다는 것을 아는 이상, 선행으로 하나님께 받아들여지도록 하라는 말은 성립되지 않는다.

관계에서 동기가 나온다

하나님과 우리의 관계가 획득할 수 없는 것이라면 우리가 선한 행위를 하도록 동기를 부여하는 것은 무엇일까? 그 대답은 '관계 그 자체'이다.

앞에서 말한 내면의 대화가 잘못된 길로 빠지는 곳이 바로 이 부분이다. "하나님과의 관계에 문제가 없는가?"라는 질문에 "글쎄, 나는 어떻게 하고 있지?"라고 대답한다면 하나님과 사랑의 관계 가운데 있는지를 묻는데 하나님의 기준을 충족하는 '행위'를 했는지 안 했는지로 결정하는 것이다.

행위 이전에 정체성이다

그런 사람은 우리의 '정체성'과 '행위'를 혼동한다. 하나님과 사랑의 관계에서 우리가 하는 행위가 우리가 누구인지를 결정짓지 않는다. 오히려 우리가 누구인지에 따라 우리가 하는 행위가 결정된다. 그렇기 때문에 사도 바울은 에베소 신자들을 이렇게 격려했다. "그러므로 사랑을 받는 자녀같이 너희는 하나님을 본받는 자가 되고"(엡 5:1).

하나님을 본받으라는 명령(즉, 하나님이 거룩하신 것처럼 거룩하라는 것)은 그의 은혜로 이미 이루어진 하나님과의 가족 관계에 기초한다. 본질적으로 바울은 "여러분의 행위를 결정하는 여러분의 정체성을 확보하라"고 말하는 것이다. "여러분의 행위가 여러분의 정체성을 결정한다"고 하지 않는다(골 3:12 이하에서 이와 비슷한 말씀을 볼 수 있다). 하나님의 은혜가 확립해 주는 정체성이 우리가 본받는 행위를 결정한다. 우리가 누구인가가 우리가 무엇을 하는가를 결정한다. 그 반대가 아니다!

하나님의 은혜가 행위의 동기이다. 행위가 하나님의 은혜를 이끌어 내지 않는다. 우리는 하나님의 사랑에 반응하는 삶을 산다. 사랑 받을 자격을 갖추거나 사랑하시게 만들려고 살지 않는다. 우리의 순종은 축복을 얻기 위한 뇌물이 아니라 감사에서 우러나오는 기도이다.

하나님께서 그리스도의 피로 우리의 구속을 완전히 사셨다. 이제 우리의 임무는 그것이 부족한 것처럼 사는 것이 아니라 하나님이 만들어 주신 관계에서 동행할 기회를 누리는 것이다. 이후의 장에서는 이런 정체성과 순종의 역학 관계를 훨씬 더 자세하게 살펴보겠다. 지금은 우리에게 주신 하나님의 은혜가 하나님을 섬기는 가장 큰 이유라는 것까지만 이해하면 된다. 하나님의 은혜는 우리 예배를 약화시키는 것이 아니라 강화한다.

꽃보다 마음이다

사역 초기에 모데트라는 교인을 만났다. 나는 모데트를 참 좋아했다. 모데트는 오래 전에 남편을 여의고 혼자 살았다. 그녀는 꽃을 사랑했는데 나이가 많아 정원을 잘 가꿀 수 없게 되었지만, 교회 강단 꾸미기를 좋아하여 온갖 색으로 장식을 했다.

모데트는 주일 저녁 예배 때만 우리 교회에 왔다. 아침 예배는 자신이 어린 시절부터 출석하던 교회에 나가고 싶어 했기 때문이다. 안타깝게도 그 교회는 복음에서 떠나 표류하고 있었다. 모데트는 그 교회에 새로 온 젊은 설교자가 복음을 재발견하는 데 자신이 도움이 되기를 소망하면서 계속 충성을 다했다. 주일 저녁에 우리 교회로 오는 이유는 "한 주간 먹을 성경 약"을 받기 위함이라고 그녀는 말했다.

두 교회의 차이점은 모데트의 장례식에서 극명해졌다. 장례식은 그녀의 어린 시절 교회에서 이루어졌다. 그 교회 목사는 모데트가 오랫동안 주일학교에 신실하게 출석한 사실을 칭송했다. 다음으로 내가 성경을 읽을 차례가 되어서 그녀가 선택해 놓았던 본문을 읽었다. 그리스도를 신뢰하는 모든 사람을 위한 하나님의 은혜에 관한 말씀이었다.

이어서 그 목사님이 추도사를 하면서 가족과 친지들에게 모데트는 매우 충실하게 교회에 다녔고, 착한 사람이었으며, 정원을 아름답게 가꾸었고, 교회를 위해 꽃 장식을 했기 때문에 천국에 갔다고 위로했다.

그 다음 내가 설교를 했다. 나는 모데트가 요청한 대로 우리는 행위가 아니라 은혜로 인해 믿음을 통하여 구원을 받는다는 복음의 진리(엡 2:8-9)를 다시 설명했다. 나는 모데트가 구주의 무조건적인 은혜를 이해하고 그로 인해 주의 집을 오랫동안 사랑하는 마음으로 꽃을 장식하게 되었으며 심지어 나이가 점점 들어 어려움이 그녀에게 닥쳤을 때조차도 그랬다는 것을 기쁨으로 회고했다. 그렇지만 그 아름다움이 그리스도를 향한 그녀의 사랑의 표현일 뿐이지 주님의 사랑을 더 많이 얻어 내기 위한 대가, 즉 뇌물이 아님을 사람들이 이해하기를 바랐다.

나중에 나의 아내는 장례식에서 마치 두 설교자가 복싱을 하는 것 같았다고 말했다. 한 설교자가 '선한 행위'라는 레프트 잽을 날리면, 다른 목사가 '복음'이라는 카운터펀치를 날리곤 했다는 것이었다. 누가 이겼냐고? 그날 누가 이겼는지는 모른다. 내가 아는 한 모데트는 그녀가 사랑하는 사람들이 영원을 맞이하는 날 복음이 승리하기를 원했다.

그녀의 소망은 꽃이 아니라 구주께 있었다. 그녀는 하나님 앞에서 자신의 정체성이 그녀가 행한 일에 근거하는 것을 원하지 않았다. 꽃은 아름답지만 연약하다. 따라서 영원을 위한 우리의 소망은 훨씬 더 견고한 것에 근거해야 한다. 우리가 하는 일이 우리의 정체성을 결정해서는 안 된다. 반대로 하나님의 은혜로 얻어진 우리의 정체성이 우리가 하는 일을 결정해야 한다.

chapter 3
법정에서의 순서를 바로 알아야 한다

만일 우리가 정체성과 행위의 순서를 혼동한다면 필연적으로 '칭의'와 '성화'를 혼동하게 된다. 두 단어 모두 그리스도인들에게 중요한 의미이다. 이 말의 의미를 알아 두는 것이 중요한데, 이를 오해하거나 순서를 뒤집으면 끊임없이 불안과 죄책감과 증오에 시달리게 되기 때문이다.

칭의로 의롭다 함을 얻는다

먼저 단어의 정의를 이해하면 왜 순서가 그토록 중요한지 이해할 수 있을 것이다.

'칭의'란 하나님께서 은혜로 우리 죄를 용서하셔서 의로운 신분을 허락하심을 일컫는 말이다. 우리가 하나님과 거룩한 관계를 맺으려면 하나님께서 요구하시는 의로운 상태에 이르러야 한다. 이때 하나님께서 요구하시는 것이 의로운 신분이다. 하나님께서는 예수님을 보내셔서 우리가 마땅히 받아야 할 죄에 대한 형벌을 담당하게 하셨고 우리는 하나님 보시기에 의로워졌다. 물론 예수님의 고난과 죽음이 우리 죄에 대한 형벌을 갚았다는 사실을 우리가 믿고 인정해야 한다. 예수님은 하나님께서 정당하게 우리에게 부과할 수 있는 정죄를 대신 담당하셨다. 하나님 앞에서 우리를 의롭게 하는 그 자비를 의지할 때, 하나님은 그리스도께서 하신 일을 근거로 우리를 흠이 없다고(즉, 의롭다고) 선언하신다(롬 10:9).

칭의를 이해하려면 법정에서 재판장이 형벌이나 벌금이 지불된 사람에게 사면을 선언하는 장면을 생각해 보라. 하나님은 우리가 갚아야 할 죄의 빚을 그리스도께서 완전히 갚아 주셨다고 평가하셔서 우리를 의롭다 하시고, 더 이상 심판이 없다고 풀어 주신다. 더는 죄인의 신분이 아니므로 죄가 없는 상태가 되었다. 즉, 성자께서 자기를 의지하는 사람들에게 베풀어 주시려고 하나님께서 예비하셨던 은혜 이전, 죄를 알지도 못했던 그 상태가 된 것이다(고후 5:21). 은혜로 죄인이 의롭다 함을 얻고 하나님 앞에서 예수 그리스도가 가진 죄 없는 상태를 얻게 된 것이다.

성화로 순결해진다

성화는 칭의의 결과로 거룩하게 되었음을 말한다. 칭의는 법정 용어를 사용하여 예수님께서 예비하신 일이 어떻게 우리를 죄책으로부터 해방시키는지 이해하도록 돕는다. 한편 성화는 구약의 성전에서 사용되던 용어를 사용하여 예수님께서 예비하신 일이 어떻게 우리를 정결하게, 즉 거룩하게 하는지 이해하도록 돕는다.

하나님께서 우리를 의롭다 하시는 순간 성화되었고 정결하게 되었다. 하나님께서 베풀어 주시는 은혜의 행위로 사함을 받았으므로 우리는 이제 하나님 앞에 거룩하다. 그래서 사도 바울은 이렇게 쓴다. "너희 중에 이와 같은 자들이 있더니 주 예수 그리스도의 이름과 우리 하나님의 성령 안에서 씻음과 거룩함과 의롭다 하심을 받았느니라"(고전 6:11).

사도 바울은 성령 안에서 신자들이 그리스도가 필요함을 인정하게 될 때 "의롭다 하심을 입은 것"과 꼭 마찬가지로 "거룩하게 되었다(성화되었다)"고 말한다. 이미 우리가 하나님 앞에서 거룩한 상태가 된 것은 예수님께서 하신 일이 우리의 더러움을 씻었기 때문이다. 하나님의 은혜는 이미 그리고 영원히 우리를 하나님 앞에서 거룩하고 정결한 상태에 이르게 했다(롬 12:1; 골 1:22; 3:12). 이 영적인 사실은 '적용된' 성화라고 불릴 수 있다. 즉, 우리에게 적용된 순결인 것이다.

거룩한 신분을 얻다

적용된 성화는 구약 성전 의식에서 부정하거나 정결하지 못한 것들을 거룩한 용도를 위하여 정결하게 하는 일을 반영하고 있다. 우리는 죄로 더러워졌지만 하나님의 은혜로 거룩하게 되어서 하나님께서 우리를 그의 거룩한 목적에 사용할 수 있게 되었다. 그렇기 때문에 히브리서 기자는 "이 뜻을 따라 예수 그리스도의 몸을 단번에 드리심으로 말미암아 우리가 거룩함을 얻었노라"(히 10:10)라고 말한다. 하나님은 미래 어느 날 우리가 그분께 정결하고 고귀하게 간주될 수 있을 때까지 기다리시지 않는다.

우리는 이미 하나님의 가족과 그의 목적에 적합하게 되었다. 그리스도께서 우리를 위해 하신 일로 이미 거룩하게(성화) 되었기 때문이다.

거룩한 목적을 위해 준비된다

성화는 거룩한 쓰임을 위해 정결하게 되는 길을 반영하기 때문에, 우리의 정결한 상태가 단지 성경적 성화의 차원만이 아님을 이해해야 한다. 정결케 되는 성화에는 목적이 있다. 우리와 다른 사람들의 거룩함을 발전시키기 위함이다. 하나님은 세상에서 우리를 사용하시기 위해 우리를 정결하게 하신다.

거룩한 진보를 위해 부름 받는다

이처럼 우리의 삶을 성화시켜 사용하는 것은 지속적이고 점진적인 과정이다. 목적은 여전히 우리의 거룩함이다. 그 과정은 우리의 일생 동안 계속된다. 하나님을 계속해서 더욱더 이해하고 영화롭게 하는 것을 통해 그리스도를 닮은 모습으로 성장해 나가는 것이다. 우리에게 거룩한 신분이 주어진 것은 거룩한 섬김이 성장하기 위해서이다.

히브리서 기자는 하나님이 그의 자녀들에게 처음에 적용하시는 순결한 신분과 거룩이 지속적으로 발전하는 일을 연관시킨다. "그가 거룩하게 된 자들을 한 번의 제사로 영원히 온전하게 하셨느니라"(히 10:14).

하나님은 우리의 신분을 이미 완전하게 하셨다(그리스도께서 하신 일로 정결해졌다). 이것은 지금 하나님께서 우리들이 이 신분에 맞게 행동하기를 기대하신다는 의미이다. 문제는 우리가 신분처럼 행위나 의도에서 완전하지 못하다는 것이다. 우리는 여전히 '성화되고 있는 중'이다. 따라서 우리 삶을 하나님이 은혜로 이미 우리에게 주신 거룩한 신분에 맞추는 진보를 이루기 위해 해야 할 일이 있다.

대부분의 사람들이 성화를 설명할 때(그 말을 사용하든 아니든) 아마 이런 거룩의 진보를 생각할 것이다. 하나님께서도 영적 혹은 행동의 진보를 기대하신다고 생각하는 것이다. 이것은 좋은 일이다. 우리는 자녀들이 성장하기를 기대한다. 하나님이 자기 자녀들에게 바라시는 게 이것보다 덜하리라 생각하는 사람은 없을 것이다. 그렇지만 우리의 점진적 성화가 하나님의 은혜와 어떤 관계가 있는지를 잊어버리면 생각이 그릇된 방향으로 나아간다.

선함을 척도로 생각하다

하나님께서 거룩이 성장하길 기대하신다는 사실을 알기 때문에, 우리 신분이 성화의 진보로 결정된다고 생각할지 모른다. 칭의(하나님 앞에서 문제가 없는 것)가 성화의 진보(개인의 거룩과 관련하여 우리가 어떻게 행하는가)에 기초를 두기 시작하는 것이다.

하나님께서 우리를 사랑하시는지 여부를 우리가 하나님을 만족시켜 드리고 있는가로 생각하기 시작한다. 우리의 선함을 하나님의 사랑의 척도로 삼아 경건의 수준을 하나님의 사랑의 정도로 측정한다. 충분히 길게 큐티를 해서 하나님을 만족시켜 드렸는지를 기준으로 나쁜 하루를 보냈는지 좋은 하루를 보냈는지 판단한다. 자녀가 병에 걸리면 교회에 충분히 헌금을 하지 않았기 때문인가 생각하게 되고, 욕을 하면 지옥에 가지 않을까 두려워한다.

은혜는 은혜임을 기억하라

이렇게 추론하게 되면 세심하게 조직된 복음의 진리가 모두 무너져 내린다. 우리의 칭의(하나님 앞에서 문제가 없는 것)와 적용된 성화(하나님의 순결한 자녀가 되는 것)는 우리의 행위가 아니라 그리스도께서 이루신 일에 대한 믿음으로 결정된다. 하나님은 그의 은혜에 대한 반응으로 거룩한 행위를 기대하신다. 하나님의 은혜를 얻기 위한 방법으로 행동하기를 원하지 않으신다. 신앙생활을 하면서 은혜를 행위로 획득해야 한다면 그것은 결코 은혜가 아니다.

조건적 사랑은 전혀 도움이 되지 않는다

순종이 하나님께 받아들여지기 위한 조건이 아니라고 하면 불순종을 조장하게 되지 않을까 우려하는 사람들이 있다. 다시 말하지만 감사하는 마음의 화학적 변화가 죄에 대한 어떠한 합리화보다 더 강하다. 의롭다 하시고 거룩하다 하시는 하나님의 은혜에 감동하면 하나님을 섬기길 갈망하게 된다.

반면 충분히 선할 때만 하나님이 사랑하신다고 믿는 사람들은 열심히 하나님을 섬길 수도 있지만 갈등이 생기고 필연적으로 하나님을 사랑하지 못하게 된다. 영적 사랑이 이루어지는 방식은 가족 관계에 비유할 수 있다. 자녀의 행위가 기준에 맞을 때만 사랑하겠다고 약속하는 부모는 순응하는(혹은 거역하거나 절망하는) 반응을 얻어 낼지 몰라도 사랑 때문은 아니다. 조건적 사랑은 증오를 만들어 내어 "네 마음을 다하고 목숨을 다하고 뜻을 다하여 주 너의 하나님을 사랑하라"(마 22:37)고 하신 그리스도의 근본적인 명령을 존중할 수 없다.

또한 하나님의 사랑이 순종에 대한 조건이라면 이렇게 물어야 한다. 거룩하신 하나님께 '충분하다'는 조건은 무엇일까? 우리가 하는 최선의 행위도 하나님께는 더러운 옷과 같다고 하지 않았는가?(사 64:6) 만일 20분의 큐티가 충분하지 않다면 40분이면 '충분'한가? 성경 읽기, 기도, 교회 출석을 얼마나 하면 그 조건을 만족시킬 수 있을까? 이 모든 일을 행해도 하늘에 더러운 옷을 던지는 것과 같은데 하나님이 우리를 사랑하실 수 있을까? 창세기에서 아브라함이 자신의 독자를 드리는 것이 하나님께 필요한 것이 아니었다면, 나는 하나님께서 받으실 제사를 드리기 위해 어떻게 해야 하는 걸까?(창 22:10-14)

하나님은 요구하시는 것을 친히 예비하신다

우리의 순종이 어느 정도면 충분한지에 대한 하나님의 대답은 독생자를 통해 우리와 하나님의 관계를 회복시키셨다는 것이다(요 3:16). 하나님은 우리에게 선행을 쌓아서 천국까지 올라오라고 하지 않으신다. 성경 첫 페이지부터 복음의 메시지는 하나님께서 우리에게 요구하시는 것을 친히 예비하심을 신뢰하라고 한다. 아브라함이 독자를 드린 것은 충분하지 못했을 수 있다. 그래서 하나님은 친히 자신이 요구하시는 것을 준비하셨다. 그리스도를 예표하는 양이 하나님의 섭리로 덤불에 걸려 있었다. 그래서 아브라함은 그곳을 "하나님이 예비하시리라"(여호와 이레: 창 22:14)라고 했다.

거룩을 위해 노력해서 하나님의 사랑을 얻고 유지해야 한다는 종교적 열심은 사실상 하나님의 거룩하심을 모독하는 것이다(출 15:11; 삼상 2:2). 거룩에 대한 하나님의 기준은 하늘처럼 높다. 그의 순결하심은 우리가 가진 최선의 영적인 수단으로 깨끗하게 할 수 있는 수준을 넘어선다.

우리의 노력으로 하나님의 기준을 만족시킬 수 있는 체하는 것은 하나님을 축소시키는 행위다. 하나님께서 요구하시는 거룩을 친히 예비해 주시지 않는 한 우리는 그것을 성취할 수가 없다. 하나님께서 우리의 행위라는 꽃바구니에 그의 의의 꽃을 마련해 주시지 않으면 우리의 행위는 온전히 거룩하지 못하다.

예배는 사랑의 표현이다

다행히도 우리에게 필요한 거룩을 그의 아들의 사역을 통해 예비해 주셨다(벧전 2:24). 따라서 우리가 할 일은 그리스도가 하신 일을 반복하는 것이 아니라 그것을 존중하는 것이다. 그분의 은혜가 충분하다는 것을 신뢰하고, 사랑으로 예배하는 삶으로 화답하는 것이다.

하나님을 섬기고 찬양하는 예배로 하나님이 우리를 사랑하시게 만드는 것이 아니다. 그것은 하나님을 향한 우리의 사랑의 증거일 뿐이다. 그래서 은혜는 하나님의 사랑을 얻으려는 우리의 노력이 적합하다는 믿음을 무너뜨리며, 동시에 그분을 기쁘시게 하고 싶다는 소원이 우리 안에서 일어나게 한다. 하나님을 향한 예배는 하나님의 사랑을 받을 자격을 얻는 수단이 아니라 우리의 사랑을 표현하는 수단이다(요일 2:1-5).

하나님은 예배를 기쁘게 받으신다

나는 청소년기에 아버지께 드린 선물 이야기를 자주한다. 어느 날 아버지와 나는 숲에서 난로에 땔 통나무를 베고 있었다. 우리는 한 통나무를 자르기 시작했는데 나무 안이 썩어 있어서 거의 다 잘라갈 때쯤 부러져서 톱질 틀에서 떨어져 버렸다. 통나무는 바닥에 세게 부딪혀 큰 토막이 부러졌다. 내 눈엔 부러진 나무토막이 마치 말의 머리처럼 보였다.

몇 주 후 아버지의 생신이었다. 나는 그 썩은 나무토막에 널빤지를 못질해 붙이고, 밧줄을 늘여 붙여 장식을 하고, 막대기 몇 개를 붙여 다리를 만들었다. 그리고 널빤지 아래쪽 몇 군데에 머리가 튀어나오도록 못을 박았다. 그런 다음 활 장식을 하여 아버지께 선물로 드렸다.

아버지는 내가 힘들여 만든 선물을 보시고는 "멋지다! 근데 이게 뭐니?"라고 물으셨다.

"넥타이 걸이예요, 아빠. 말머리 쪽에 튀어나온 못들이 있죠. 거기에 넥타이를 걸면 돼요."

아버지는 미소를 지으면서 내가 드린 선물을 벽장 벽에 기대어 놓고(막대기로 만든 다리가 실제로는 서 있을 수 없었기 때문이다) 수년 동안 넥타이 걸이로 사용하셨다.

썩은 나무로 만든 말머리 넥타이 걸이를 드렸을 때 나는 더할 나위 없이 자랑스러웠다. 나의 예술 작품은 박물관에 진열될 만하다고 생각했다. 그러나 몇 년 지나 좀 더 성숙해진 나는 관점이 바뀌었다. 나는 아버지께 "아빠, 저 썩은 나무토막을 버리는 게 좋겠어요"라고 말했다. 아버지가 선물을 받으시고 좋아하셨던 것은 그것이 좋아서가 아니라 아버지가 좋은 분이셨기 때문이다.

마찬가지로 하나님께서 우리가 드리는 '선한' 행위를 받으시는 것은 그 행위들이 충분히 선하기 때문이 아니라 하나님이 선하시기 때문이다. 우리는 우리가 성취한 것이 하나님께 영광이 되기에 충분하다고 생각하지만, 여전히 우리의 불완전함과 연약함, 죄로 흠집투성이다. 그럼에도 하나님은 받아 주신다. 우리의 행위가 거룩하신 하나님 보시기에 순결하기 때문이 아니라, 우리의 사랑의 증거를 받아서 우리 재능이 아니라 하나님의 자비로 그것을 거룩하게 하기를 기뻐하시기 때문이다.

기쁘시게 해 드리기 위해 더 많이 헌신하다

썩은 나무 넥타이 걸이의 다음 이야기는 쉽게 예상될 것이다. 나의 선물이 불완전함에도 불구하고 아버지는 기뻐하셨고 나는 더 많이 드리고 싶었다. 내가 드리는 선물이 어떤지는 별로 염려하지 않았다. 그냥 내가 보기에 아버지가 기뻐하실 만하면 드리고 싶었다.

그의 자비로 나의 헌신이 즐거움이 되었다. 그리고 나의 즐거움과 그의 즐거움을 더하려는 소원이 생겨 더 많고 더 좋은 선물을 드리게 되었다.

하나님의 뜻을 위한 열정

이처럼 하늘 아버지가 주시는 자비가 하나님께 드리는 예배에 불을 붙인다. 우리의 행위로 하나님의 사랑을 얻거나 확보했다고 믿게 되면 늘 심판에 대한 두려움 아래 살게 되고 두려움 때문에 노력하게 된다. 그리고 두려움에 지쳐 고갈된다. 하나님을 기쁘시게 하고 싶은 우리의 소원이 성취 압력에 대한 원망으로 바뀌거나 그의 인정을 받으려는 필사적인 노력으로 바뀔 수 있다.

우리의 직관에 반할지 몰라도 하나님의 은혜는 실제로 하나님의 뜻을 행하려는 열정으로 이끈다. 예수님과 그의 사도들이 이루어지리라 한 말씀이 바로 이것이다. 예수님은 "너희가 나를 사랑하면 나의 계명을 지키리라"(요 14:15)고 말씀하셨다. 사도 바울은 하나님의 은혜가 나타나 우리로 신중함과 의로움과 경건함으로 이 세상에 살게 한다고 했다(딛 2:11-12).

물론 헌신의 표시가 없는 곳에는 하나님을 향한 사랑의 증거나 은혜에 대한 신뢰의 증거가 없다. 그리고 헌신이 약해져 하나님이 징계하실 때는, 우리를 영적인 위험에서 돌이켜 그의 품 안으로 인도하기 원하시는 하나님의 마음을 오해할 수 있다(히 12:6-11). 그러므로 하나님의 은혜를 악용하지 않겠다며 하나님께 영광 돌리려는 노력을 하지 않는 사람들과, 반항하는 삶을 살아 하늘 아버지의 징계를 당할 수 있는 사람들에게 경고하는 것이 마땅하다. 그렇지만 이 중 어느 것도 우리가 드리는 거룩을 위한 노력이 하나님께서 우리를 사랑하시게 하는 기초가 되거나 우리가 연약해서 하나님께 다가가지 못한다는 의미는 아니다.

우리의 방탕함 때문에 그분을 향한 사랑에서 멀어지더라도 언제든지 돌이키기만 하면 하나님은 늘 두 팔을 벌리고 우리를 받아 주실 준비를 하고 계신다. 우리를 향한 하나님의 열심이 하나님을 향한 우리의 예배에 다시 불을 지피고 커지게 한다. 그래서 우리는 팔을 벌리고 계시는 하나님 품으로 달려갈 수 있다.

chapter 4

명령보다
사랑이 먼저다

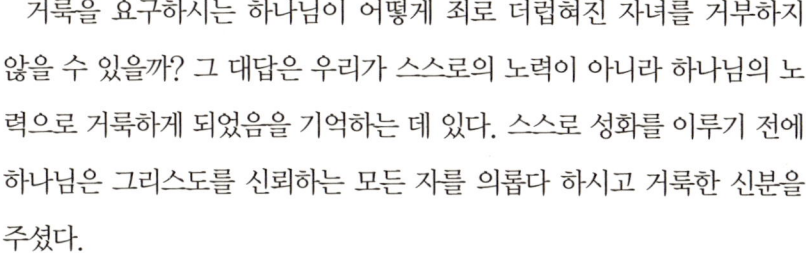

거룩을 요구하시는 하나님이 어떻게 죄로 더럽혀진 자녀를 거부하지 않을 수 있을까? 그 대답은 우리가 스스로의 노력이 아니라 하나님의 노력으로 거룩하게 되었음을 기억하는 데 있다. 스스로 성화를 이루기 전에 하나님은 그리스도를 신뢰하는 모든 자를 의롭다 하시고 거룩한 신분을 주셨다.

순종을 밸브처럼 생각하다

오랫동안 나는 하나님의 사랑이 한결같다는 것을 이해하지 못했다. 나의 순종의 수준이 그분의 마음을 조절하는 밸브라고 생각했다. 그래서 내가 의로울수록 하나님이 더 많이 사랑하실 거라고 여겼다. 어떤 성경구절은 이런 생각을 지지하는 것처럼 보였다.

"그러므로 형제들아 내가 하나님의 모든 자비하심으로 너희를 권하노니 너희 몸을 하나님이 기뻐하시는 거룩한 산 제물로 드리라 이는 너희가 드릴 영적 예배니라"(롬 12:1).

그러나 나는 이 구절을 이렇게 이해했다.

"그러므로 형제들아, 내가 하나님의 모든 자비하심으로 너희를 권하노니 너희 몸을 산 제물로 드리라. 그러면 너희가 거룩해지고 하나님께서 기뻐하실 것이다. 이는 너희가 드릴 영적 예배니라."

나는 "하나님이 기뻐하시는 거룩한"이라는 말이 내 몸을 산 제물로 하나님께 드린 결과인 것으로 해석했다. "너희는 산 제물이 되도록 정말 열심히 노력하라. 그러면 너희가 거룩해지고 하나님께서 기뻐하실 것이다." 나는 나의 노력의 결과, 즉 하나님께 드리는 '좋은' 산제물이 되기 위해 선한 일을 충분히 많이 한 결과 거룩해지고 하나님이 기뻐하시게 된다고 이해한 것이다.

그러나 이 구절이나 성경의 다른 구절들은 그렇게 가르치지 않는다. "거룩한"이라는 말이 이해의 실마리가 된다. 내가 이 세상에 사는 동안 내가 하는 일은 하나님의 절대적인 거룩의 기준에 도달할 수 없다. 나 자신과 내가 하는 모든 일은 늘 죄로 더럽다. 예수님을 통하지 않고는 그 영광에 이를 수 없다(롬 3:23).

거룩을 선언하셨다

내가 잘못 알았던 것은 "기뻐하시는 거룩한"이라는 말이 우리가 앞으로 될 모습을 말하지 않는다는 점이었다. 그것은 우리의 현재 상태를 말한다. 우리는 이미 "거룩하고 하나님께서 기뻐하시는" 상태이다. 그러나 우리의 생각은 그렇게 주장하지 못하고 온갖 의문을 품는다. 어떻게 우리가 이미 "거룩하고 하나님께서 기뻐하시는" 상태가 될 수 있는가? 우리는 흔들리고 실패하고 범죄한다. 분명 우리는 "거룩하지" 않다. 그래서 우리가 "기뻐하시는" 상태에 이를 만큼 선해질 수 있는지 진정 의심스럽다.

이 미스테리는 이 절을 시작하는 말 "그러므로 형제들아 내가 하나님의 모든 자비하심으로 너희를 권하노니"를 보면 풀어진다. 하나님이 "기뻐하시는 거룩한" 제물이 되는 것은 우리의 공로 때문이 아니라 하나님의 자비 때문이다. 하나님이 우리를 거룩하게 하시고 우리의 영적 더러움을 씻어 내셨다. 그리고 그의 아들의 순결한 상태를 우리에게 주셨다. 우리가 거룩하기 때문이 아니라, 그의 자비가 그리스도의 상태를 우리에게 허락하셨기 때문이다.

명령보다 정체성이 먼저다

로마서의 이 구절에 이어 우리더러 지키고 순종하라고 하는 명령과 기준들이 많이 나온다. 사도 바울은 그리스도인들이 하나님을 영화롭게 하기 위해 따라야 할 개인적, 집단적, 도덕적, 시민적 책임들을 열거한다. 그러나 바울이 우리가 해야 할 일을 말하기 전에 우리가 누구인가를 확인하였다는 점을 주목하는 것이 중요하다. 그는 우리에게 거룩한 일을 하라고 말하기 전에 우리가 거룩한 백성이라고 말한다.

거룩한 정체성이 거룩한 명령보다 먼저 나온다. 이유는 두 가지이다. 첫째, 거룩하지 않은 사람이 거룩한 일을 할 수는 없다(이것은 더러운 손으로 흰 셔츠를 빨는 것과 마찬가지임을 명심하라). 둘째, 사도 바울은 하나님이 우리에게 주신 정체성 때문에 하나님이 원하시는 것을 해야 함을 기억하기 원했다. 반대가 아니다. 우리가 하나님이 원하시는 일을 했기 때문에 현재 우리의 정체성을 주신 것이 아니다.

구약의 순서

이 순서는 성경에서 절대로 변하지 않는다. 명령은 정체성에 근거한다. 말의 순서는 달라질 수 있다. 그러나 이 개념은 절대로 뒤집어지지 않는다. 심지어 구약에서도 하나님은 그의 백성에서 "너희는 나에게 순종하라. 그러면 내가 너희를 나의 백성으로 삼을 것을 고려하겠다"라고 하시지 않았다. 그와는 반대로 하나님은 "내가 너희를 나의 백성으로 삼았다. 그러므로 나에게 순종하라"고 하셨다.

예를 들어 하나님은 이스라엘 백성에게 십계명을 주시기 전에 "나는 너를 애굽 땅, 종 되었던 집에서 인도하여 낸 네 하나님 여호와니라"(출 20:2; 신 5:6)라고 상기시키신다. 그런 다음 "너는 나 외에는 다른 신들을 네게 두지 말라"(출 20:3; 신 5:7)는 명령을 하신다.

첫째, 하나님은 백성들에게 그들의 정체성을 상기시키신다. 그들은 하나님께서 은혜로 구해 주신 덕분에 자유로운 백성이 되었다. 그 다음에 비로소 하나님은 그들에게 계명을 주신다. "너희는 내게 순종하라. 그러면 내가 너희를 노예에서 해방시켜 주겠다"고 하시지 않았다.

구약에서 하나님이 주시는 명령은 반드시 그가 자기 백성에게 주시는 정체성에 근거하고 있다. 순종은 하나님의 은혜에 대한 반응이지, 은혜를 얻기 위한 방법이 아니다.

신약의 순서

사도들이 초대 교회에 서신을 쓸 때도 이 순서를 따랐다. 먼저 그들은 서신서의 교리 부분을 써서 하나님의 은혜가 그의 백성을 거룩하게 하고 하나님의 소유가 되게 함을 설명한다(즉, 그들의 정체성을 확립한다). 그런 다음 서신서 후반부에서 이 진리를 그 백성들이 살아가는 방법에 적용한다(즉, 그들이 따라야 할 명령을 제시한다). 여기서도 명령은 하나님의 백성들이 은혜로 이미 주어진 정체성에 합당하게 살아가는 방법을 설명하는 것이다.

현재 우리의 삶에 주는 의미

은혜로 우리는 하나님이 사랑하시는 자녀가 되었다. 이제 우리는 그 은혜의 결과로 주어진 하나님의 명령을 존중한다. 우리의 정체성이 우리의 행위를 결정한다. 행위가 정체성을 결정하는 것이 아니다. 우리가 존중하는 명령은 우리의 정체성에 기초한다. 그 순서는 뒤집어질 수 없다. 이 단순한 진리가 주는 실제적 의미는, 복음에 합당하게 살기 원하는 사람들의 모든 관계를 변화시킬 것이다.

성경을 읽는 방법

첫째, 정체성-명령의 순서는 우리가 성경을 읽는 방법을 변화시킨다. 이제 하나님께 받아들여지기 위해 성경을 펴서 어떤 의무나 교리를 배워야 하는지 찾는 일을 우선으로 하지 않게 된다. 오히려 하나님이 그의 백성을 어떻게 거룩하게 하시고 순종할 수 있게 하셨는지를 확인하며 즐거워한다. 하나님의 명령들은 하나님께로 가기 위해서가 아니라 하나님을 영화롭게 하기 위해 달려갈 철로가 된다.

결국 기독교가 말하는 메시지의 독특한 점은 하나님께서 우리를 자신의 백성 삼으시기 위해 친히 찾아오셨다는 것이다. 우리가 하나님께서 갈 수 없으므로 하나님이 우리에게로 오신 것이다.

다른 모든 종교들은 이런 저런 방법으로(육적, 정신적, 의지적 노력으로) 인간이 신에게 다가가야 한다고 말한다. 기독교는 그것이 불가능하다고 가르친다. 하나님께서 우리를 자신에게로 이끌어 가신다. 그렇기 때문에 성경 초반부의 바벨탑 이야기는 그 이후 모든 세대들에게 '하늘에 이르는 길'을 스스로 세우려는 노력은 하나님께 도달하는 방법이 될 수 없다고 말해 주는 것이다(창 11장).

성경을 가르치는 방법

또 정체성-명령의 순서는 우리가 성경을 가르치는 방법을 변화시킨다. 이제 자녀들에게 "착한 아이가 되면 예수님이 너를 사랑하실 거야"라고 말하고 싶은 유혹을 받지 않게 된다. 그런 메시지는 좋은 의도에서 나온 것일 수도 있고 그럴싸하게 꾸며질 수도 있지만 복음과는 반대되는 사실임을 알게 될 것이다.

예수님이 사랑하신 것은 아이들이 선하기 때문이 아니라 예수님이 선하시기 때문이었다. 우리가 아직 죄인이었을 때에 그리스도께서 우리를 위해 자신을 내주셨다(롬 5:10). 선한 행동 때문에 하나님이 사랑하신다는 말씀이 좋아 보일 수도 있고, 또 아이들에게 죄책감을 주어 선한 행위를 하도록 만드는 데 효과적일 수도 있다. 그러나 그런 말은 영적인 독이다.

우리의 선한 행동 때문에 예수님이 우리를 사랑하신다는 메시지는 십자가가 필요하고 충분하다는 사실을 부정하는 것이다. 어른이 되면 우리는 항상 선한 사람이 될 수 없다는 사실을 분명히 알게 된다. 그러면 예수님의 사랑을 얻기 위해 순종하는 아이는 그리스도의 사랑을 의심하게 될 것이다.

아이를 대하는 방법

정체성-명령의 순서가 우리의 말과 행동을 다스리기 시작하면 우리가 아이들을 대하는 방법도 변한다. 아내 캐시와 내가 은혜가 마음의 화학적 변화를 일으키는 방법을 이해하기 전에는, 우리 아이들을 주변에서 듣는 대로 훈육하곤 했다. 나는 우리 아들에게 "콜린, 순종하지 않으면 나쁜 아이야"라고 말하곤 하였다.

너무 쉽게 그리고 흔히 하는 말이었고 나는 그 말이 잘못되었다고 어디에서도 들어 보지 못했다. 문제는 내가 콜린의 정체성을 그의 행위에 기초했다는 사실이다. 콜린은 나쁜 행동을 했고, 그래서 나는 나쁜 아이라고 말했다. 그의 정체성을 그의 행위에 기초하는 것은 복음이 아니다. 감사하게도 예수님이 우리에게 오셔서 우리의 정체성은 우리가 하나님의 명령을 얼마나 잘 따랐는가에 기초하지 않고 그의 은혜로 우리에게 주어지는 관계에 기초한다고 가르쳐 주셨다.

그래서 나의 자녀 양육 방식이 내가 믿는(그리고 콜린도 믿기 원하는) 복음의 원리를 반영하려면, 내 말이 변해야 했다. 나는 "콜린, 그렇게 하지 마. 넌 나의 아들이야. 나는 너를 사랑하거든"이라고 말하기 시작했다. 나는 그의 행동이 그의 정체성(내가 사랑하는 아들)에 기초하기 원했다. 그의 행동에 기초하는 것을 원하지 않았다.

콜린의 행동은 이럴 수도 있고 저럴 수도 있다. 그러나 그의 가족 정체성은 변하지 않는다. 그는 항상 나의 아들이다. 그리고 나는 그 사실로 인해 그의 마음이 아버지의 마음을 따르도록 하기 원했다. 나는 그의 행위가 그의 정체성을 결정하기를 원하지 않았다. 정체성이 그의 행위를 결정하기 원했다.

배우자를 대하는 방법

복음의 관점은 우리 부부가 서로를 대하는 방법도 변화시켰다. 나는 전형적인 북미 남자다(존 웨인, 해리슨 포드, 조니 뎁 등의 배우 이미지를 따른다). 그래서 부부 사이에 갈등이 고조되면 버럭 화를 내거나 잔뜩 긴장하거나 둘 중 하나의 반응을 보인다. 그런데 설교자로서 화를 낼 수 없었기 때문에 나는 후자를 택하여 내가 침묵으로 보내는 메시지를 아내가 알아주기를 기대하곤 했다.

그러나 내가 아무리 자제력을 중시한다 해도, 나의 공격적 침묵이 복음과 일치하지 않기는 버럭 화를 내는 것 못지않았다. 나는 침묵으로 여전히 메시지를 보내려 했고, 그것은 아내를 그녀의 행위에 따라 대하는 행동이었다. 결과적으로 나는 우리 관계의 성격(우리의 정체성)을 내가 그녀에게서 발견하는 실패(그녀의 행위)에 기초하고 있었다. 이것 역시 정체성-명령의 순서를 뒤집는 것이었다.

성경에 따르면 우리는 배우자를 "생명의 은혜를 함께 이어받을 자"(벧전 3:7)로 여겨야 한다. 우리가 맺은 결혼 언약은 배우자의 현재 행동이 아니라 서로 사랑의 관계를 갖기로 한 서약으로 결정되었다. 물론 우리가 해결해야 할 갈등과 좌절들이 있는 것은 분명하지만, 그 일은 우리가 저지른 실수가 아니라 우리가 공유하는 언약에 기초해야 한다. 지금도 해결해야 할 일들이 있지만, 우리는 우리가 불가피하게 저지르는 잘못이 아니라, 우리가 언약한 사랑과 존중에 기초하여 해결한다.

다른 사람들을 대하는 방법

이와 동일한 원리가 교회 안의 다른 사람들과의 관계에도 적용된다. 우리는 다른 사람이 나를 대하는 것처럼 대하는 경향이 있다. 나에게 잘해 주면 나도 그들에게 잘해 준다. 나에게 인색하게 굴면 나도 되갚거나 무시할 궁리를 한다. 여기서도 상대방의 행위에 기초해 그 사람과의 관계를 결정한다.

성경에 따르면, 그리스도 안의 형제자매들은 그 몸의 지체들이다. 만일 우리에게 화를 내거나 짜증을 내는 눈을 못 본 체할 수 있다면 우리는 그 사람들 안에 거하시는 예수님을 보게 될 것이다. 그리스도께서는 우리와 그들과의 일시적인 갈등에 기초하지 않고, 우리가 그리스도와(그리고 그들과) 맺은 영원한 관계를 기초로 그들과 관계를 가지기 원하신다.

다시 말하지만 그런 갈등이 사소하거나 무관한 일이라는 말은 아니다. 우리가 그들이나 우리의 잘못을 바로잡는 방법을 찾으려 할 때, 그리스도 안에 그 사람의 정체성이 그들의 행위보다 중요하다는 말을 하는 것이다.

복음의 대조

일상생활에서 순종하기 위한 일차적 동기로서 행동보다 관계를 더 중시하는(즉, 명령보다 정체성이 중요하다는) 복음의 방식을 유지하기는 매우 어렵다. 그 이유는 우리 주변 사람들 대부분의 삶이 성취–보상 시스템으로 움직이기 때문이다.

만일 당신이 기대에 부응하거나 기대에 넘치도록 행동하여 일을 잘 해내면 더 많은 보수를 받고 승진을 한다. 만일 당신이 스포츠나 음악에서 탁월한 성취를 이루면 특별한 지위를 얻고 큰 칭송을 받는다. 많은 가정이 기대에 어떻게 부응하는가에 기초하여 사랑을 주기도 하고 주지 않기도 하는 방식으로 움직인다. 당신이 잘 하면 사랑을 받는 것이다. 거의 대부분의 경우, 다른 사람들도 평가할 때 우리가 한 일로 우리가 누구인지를 결정한다. 어쩌면 우리 자신도 마찬가지이다.

복음은 우리와 하나님 및 다른 사람들과의 관계의 기초를 그렇게 추론하지 못하게 한다. 하나님은 우리의 순종을 귀하게 여기시고 아름답게 보시지만, 그 때문에 하나님이 우리를 사랑하시진 않는다. 우리 공로가 아니라 그분의 자비하심 때문에 우리가 그분의 소유가 되었다.

우리의 성취 정도는 그분의 사랑이나 우리의 가치를 보여 주는 기준이 아니다. 우리 행위는 아무리 해도 하나님 보시기에 "더러운 옷"과 같다는 사실을 명심해야 한다(사 64:6). 이는 우리가 하나님 아버지께 나아갈 수 있는 길을 만드시는 분은 그리스도여야 한다는 의미이다(요 14:6). 우리가 한 일이 아니라 그리스도께서 하신 일이 우리와 하나님 사이의 궁극적인 관계를 결정한다(히 7:25-27).

우리 순종이 우리가 누구인가를 결정하지 않는다. 하나님이 주신 은혜가 결정한다. 우리는 하나님을 사랑하기 때문에 그분의 은혜를 높이고 싶지 그의 은혜를 갚으려는 게 아니다. 우리가 하는 선한 행동은 우리가 하나님을 사랑함을 보여 준다.

그렇다고 하나님이 선행 때문에 우리를 사랑하시지는 않는다. 하나님의 사랑은 하나님의 명령과 그 명령에 순종하려는 우리의 노력보다 앞선다. 하나님이 사랑하시기 때문에 우리가 사랑한다. 그 사랑이 앞으로 나오는 장들에서 살펴볼 복음적 삶의 동기요 능력이다.

chapter 5

은혜는
어떤 실패에도 받아 주는
안전한 가족과 같다

어느 날 아침 눈을 떠 배우자나 룸메이트에게 말을 건넸는데 아무 반응이 없다면 어떨까? 큰 소리로 떠들며 손짓발짓 해도 당신을 인식하지 않고 자기 일만 한다면 당신은 "내 영혼이 몸에서 빠져 나왔나? 내가 죽은 건가?"라며 이상하게 생각할 것이다.

그러나 사도 바울은 전혀 이상하게 여기지 않았다. 오히려 그 실상을 모든 그리스도인에게 알렸다. 우리 몸이 아직 살아 있는데 마치 죽은 것 같은 일이 이루어지고 있다. 하나님께서 우리 노력 때문에 우리를 사랑하시는 게 아니므로, 하나님께 받아들여지고 싶어 갈등하고 노력하는 것이 모두 헛것이라는 의미다.

바울은 이 개념을 "그리스도와 함께 십자가에 못 박혔다"(갈 2:20)는 말로 잘 설명했다. 십자가에 못 박혔다는 표현은 끔찍하게 들리지만 실은 좋은 소식이다. 바울 스스로가 노력하여 이루어 낸 '선한' 삶은 거룩하신 하나님 앞에서 의롭게 만들지 못하므로 하나님의 관심이나 사랑을 얻을 수 없다. 그런 삶은 십자가에 달린 그리스도의 죽은 몸처럼 하나님 앞에서는 죽은 삶이다. 바울은 자신을 그리스도와 연합하여 십자가에 달렸다고 보았다.

바울이 그리스도와 연합함을 실제로 기뻐했던 이유는 그가 초대 교회를 핍박했던 과거 죄가 더 이상 그에게 불리하게 적용되지 않음을 의미하기 때문이었다. 바울이 그리스도와 함께 십자가에 못 박혔기 때문에 그의 죄도 십자가에 못 박혔다.

그러나 바울의 과거 범죄만 죽은 것이 아니었다. 그의 의로운 행위들도 하나님께 대하여 죽었다. 실제로 의로운 행위도 하나님의 거룩한 기준에 비추어 볼 때 의로운 것이 되지 못한다. 바울은 "사람이 의롭게 되는 것은 율법의 행위로 말미암음이 아님"(갈 2:16)을 이해할 수 있을 만큼 하나님의 명령을 잘 알았다. 그래서 하나님께 의롭다 하심을 입기 위해서는 다른 무언가를 의지해야 했다.

죽은 사람의 행위

그 '다른 무엇'이란 바로 예수님을 의미한다. 바울은 이렇게 설명한다. "사람이 의롭게 되는 것은 율법의 행위로 말미암음이 아니요 오직 예수 그리스도를 믿음으로 말미암는 줄 알므로 우리도 그리스도 예수를 믿나니"(갈 2:16). 우리 행위에 대한 믿음이 아니라 우리를 하나님께 의롭게 만드는 그분에 대한 믿음이 우리가 그분과 맺는 관계의 기초이다. 우리 노력은 그리스도의 행위 뒤로 감추어졌다. 우리가 하나님 앞에 설 때 죽은 사람의 행위는 별 도움이 되지 못하니 참 다행이다.

바울은 본질상 우리 운명이 전적으로 그리스도께 달려 있다는 사실을 우리에게 상기시킨다. 하나님께서 우리 노력을 받아 주시는 게 아니므로 우리는 그리스도의 희생을 의지하여 하나님과 화목한다. 이렇게 우리는 그리스도의 죽음과 연합된다.

그리스도의 백성들의 삶

이것이 끝이 아니다. 바울은 "이제 내가 육체 가운데 사는 것은 나를 사랑하사 나를 위하여 자기 자신을 버리신 하나님의 아들을 믿는 믿음 안에서 사는 것이라"(갈 2:20)고 덧붙인다. 예수님은 우리 죄를 위한 희생 제물로 "자신을 주셨다." 따라서 우리는 우리 행위가 아니라 그분의 행위를 믿는 믿음 안에서 산다.

이야기는 희생 제물에서 끝나지 않는다. 예수님은 죽은 자 가운데서 다시 살아나셨다. 그는 살아 계신다. 지금 어디에 살아 계시는가? 바울은 "내 안에 그리스도께서 사신 것이라"(갈 2:20)라고 말한다.

죽음을 이기시고 하나님 우편에서 우리를 위해 간구하고 계시는 예수님이 그를 대표하는 성령의 임재를 통하여 지금 우리 안에 사신다(요 14:16-20). 그러므로 지금도 우리는 영적으로 그리스도와 연합되어 있다. 이로 인해 두 가지 놀라운 결과가 나타나는데 바로 새로운 능력과 새로운 정체성이다.

새로운 능력

우리에게 새로운 능력이 생긴 이유는 예수님을 죽은 자 가운데서 다시 살리신 성령께서 지금 우리 안에 거하시기 때문이다. 그리스도께서 이룩하신 영적 승리의 영향력이 우리 죽을 몸으로 들어와 우리가 하나님의 뜻을 행할 수 있게 만든다(롬 8:11). 우리 안에 있는 그리스도의 생명이 우리에게 과거의 습관을 변화시키고 끈질긴 죄에 대항할 능력을 준다. 그리스도를 위해 그리고 그리스도를 통해 이루어진 일이 이제 우리 삶의 과정을 변화시키고 나아가 하나님의 뜻을 이루고 하나님을 기쁘시게 하며 우리에게 복을 주시는 것이다.

새로운 정체성

그리스도께서 우리 안에 거하심으로 우리가 얻는 가장 큰 축복은 우리가 갖게 된 새로운 정체성이다. 하나님을 만족시켜 드릴 수 있는 능력 면에서 볼 때 우리 노력은 마치 죽은 자와 같다. 그러나 예수님이 성령을 통해 우리 안에 살아 계셔서 우리에게 새로운 정체성을 주셨다. 우리 생명이 아니라 예수님 생명이 하나님 앞에서 우리를 결정짓는다. 우리는 죽었지만 예수님이 우리 안에 살아 계신다. 그의 성령이 빛을 비추시고 우리는 그의 영광 안에 감추어졌다(골 3:3-4). 예수님이 가지신 모든 지혜와 거룩함, 의가 우리의 것으로 간주된다는 의미이다. 우리가 그것을 성취했기 때문이 아니라 그것을 이루신 그리스도와 연합했기 때문이다.

새 옷 사도 바울은 이렇게 설명한다. "너희는 하나님으로부터 나서 그리스도 예수 안에 있고 예수는 하나님으로부터 나와서 우리에게 지혜와 의로움과 거룩함과 구원함이 되셨으니 기록된 바 자랑하는 자는 주 안에서 자랑하라 함과 같게 하려 함이라"(고전 1:30-31). 그리스도의 특성이 그리스도 안에 거하는 우리와 완전히 하나가 되었다. 그리하여 그의 정체성으로 하나님 앞에서 우리 정체성을 대치하였다.

우리는 그분의 의로 옷 입어 그분의 순결함 안에 감추어지고, 그의 성령이 우리 안에 거하시며, 그의 구속 안에 감싸였다. 그분이 우리 안에 계실 뿐 아니라 우리가 "그리스도 예수 안에" 있다. 하나님의 은혜로 그의 정체성을 부여 받은 것이다. 그러므로 우리는 나의 선함이 아니라, 내 안에서 그리고 나를 통하여 행하시는 주님을 자랑한다.

새 가족 우리가 그분을 자랑하지만 그분도 우리를 소중하게 여기신다. 우리는 그리스도의 죽음뿐 아니라 그의 생명과도 연합하였기 때문에 그리스도와 연관된 모든 선한 것이 하나님 앞에서 우리 정체성의 일부가 된다. 심지어 하나님은 우리에게 예수님 가족이라는 신분을 주시면서 우리를 그의 자녀라고 부르신다.

사도 요한은 "보라 아버지께서 어떠한 사랑을 우리에게 베푸사 하나님의 자녀라 일컬음을 받게 하셨는가 우리가 그러하도다"(요일 3:1)라고 말한다. 하나님은 예수님을 사랑하시듯 똑같이 우리를 사랑하신다!

이것을 생각하라. 하나님은 우리 연약함, 의심, 두려움, 죄 등 모든 것을 아신다. 그러면서도 자기 자녀를 사랑하시듯이 우리를 사랑하신다(롬 8:29). 불가능한 말처럼 들릴 것이다. 그러나 죄로 물든 우리 자아는 죽었고 이제는 그리스도가 우리 생명이기 때문에 가능한 일이다(골 3:4).

그리스도의 가족이 누리는 축복들

그리스도와 연합한 결과 우리는 특별한 축복을 많이 누리게 된다. 그 가운데 중요한 축복은 하나님께서 우리가 그의 완전한 기준에 도달하기를 기다리시지 않고 먼저 우리를 끝까지 사랑하신다는 약속이다. 그리스도의 생명이 지닌 완전함이 우리의 영적 신분을 결정하기 때문에 우리 안에 있는 그 어떤 것도 우리를 향한 하나님의 사랑을 막을 수 없다(요 14:20).

변함없는 사랑

내가 그리스도와 연합하였기 때문에 나를 향한 하나님의 사랑이 내가 드리는 충성에 따라 변하지 않는다(렘 3:22-23; 시 25:6-7). 내가 좀 더 잘하기 때문에 하나님이 나를 더 사랑하시지 않는다. 내가 헤매기 때문에 하나님이 나를 덜 사랑하시지 않는다. 하나님 사랑은 나의 행위가 아니라 나와 그의 아들과의 연합, 나의 선함이 아니라 그의 은혜에 대한 신뢰에 근거한 연합을 기초로 한다.

그 연합을 통하여 그리스도의 정체성을 가졌기에 나는 이 이상으로 사랑을 받을 수 없다. 이미 나는 그리스도처럼 무한한 사랑을 받고 있기 때문이다. 그리고 그 연합 때문에 나는 덜 사랑받을 수도 없다. 나의 생명이 아니라 그리스도의 생명이 하나님 사랑의 기초이기 때문이다. 하늘 아버지께서는 예수님을 사랑하시는 것과 동일하게 나를 사랑하신다. 그 무엇도 이것을 바꿀 수 없다(롬 8:38-39).

삶을 변화시키는 사랑

우리 아이들이 대학에 가게 되어 집을 떠날 때마다 나는 내가 집을 떠날 때 이야기를 해 주었다. 나는 아버지와 함께 아버지의 차를 타고 이제까지 한 번도 가 본 적이 없는 도시에 있는 학교로 갔다. 처음에는 신이 났지만 시간이 흐름에 따라 내게 닥칠 커다란 변화와 모험이 나를 압도하기 시작했다. 나는 말이 없어졌다.

나의 침묵을 알아챈 아버지는 "두렵니?"라고 물으셨다. 나는 고개를 끄덕였다. 그러자 아버지는 차를 고속도로변에 주차하신 다음 내 얼굴을 들여다보시며 말씀하셨다.

"아들아, 난 이 학교에서 너를 기다리고 있는 것이 무엇인지 알지 못해. 네가 잘 해낼지 아니면 형편없이 될지 알 수도 없고. 그러나 너는 내 아들이야. 무엇도 이 사실을 바꿀 순 없단다. 어떤 일이 생겨도 네겐 너를 받아 줄 곳이 있어."

아버지는 어떤 실패도 가족으로 연합한 사실을 무너뜨릴 수 없음을 분명히 하셨다. 그 메시지는 내가 대학생활을 하는 동안 그리고 이후 수많은 시련과 어려움을 겪을 때마다 격려해 주고 힘을 주고 붙들어 주었다.

후에 내가 나의 자녀들에게 이 이야기를 해줄 때마다 나도 역시 가족 관계의 안전함이 그들에게 닥치는 두려움과 실패를 맞설 힘이 되기를 원했다. 마찬가지로 우리 하늘 아버지께서도 그리스도와의 연합이 우리에게 힘을 주고 붙들어 주기를 원하신다. 또한 우리도 복음의 진리를 확신함으로써 서로 격려하기를 원하신다.

불공정한 사랑

그런데 막내 딸 케이티는 대학에 갔을 때 두려움이나 걱정을 한사코 드러내지 않으려 했다. 케이티를 차에 태워 대학으로 가서 수강 신청을 하고 짐을 기숙사 방으로 옮길 때에도 그 애는 마냥 웃고 재잘거렸다.

심지어 엄마와 아빠가 떠나려고 차를 탈 때조차 그 애의 얼굴은 환하기만 했다. 나는 마지막 포옹을 하면서 팔을 꼭 붙잡고 딸의 눈을 들여다보면서 "케이티, 할아버지가 내게 했던 말을 기억해. 여기서 어떤 일이 생겨도, 네가 잘 하든 못 하든 너는 내 딸이고 그 무엇도 이 사실을 바꿀 수는 없다. 우리집은 언제나 너의 집이야"라고 말해 주었다.

그 말은 효력이 있었다. 케이티는 웃음이 사라지고 얼굴이 붉어졌다. 그리고 눈에 눈물이 고였다. 그 애는 나를 와락 껴안으며 말했다. "아빠, 그건 공정하지 않잖아요."

물론 공정하지 못하다. 그래서 은혜다.

chapter 6
은혜의 길을 알아야 한다

나는 에이브러햄 링컨이 정치적 입지를 닦은 일리노이 주에서 살았다. 그의 생애에 관한 이야기는 한결같이 그의 삶을 이끌어 준 원리들을 담고 있어서 마음을 감동시킨다.

그 중에 그가 시골 변호사로 변변찮은 수입을 모아서 노예 경매에 큰 돈을 걸었다는 이야기가 있다. 링컨은 여자 노예를 사서 즉석에서 풀어 주었다.

그 여자가 "선생님, 정말 저를 이 사슬에서 풀어 주시는 겁니까?"라고 물었다.

"물론이죠."

"이제부터는 주인을 따르지 않아도 된다는 말인가요?"

"그렇습니다. 당신은 어디든 원하는 곳으로 가도 됩니다."

그녀가 말했다.

"그렇다면, 나는 당신과 함께 가겠습니다."

마음의 굴레

사실이든 아니든 이 이야기는 우리가 잘 아는 진리를 담고 있다. 노예로부터 풀어 준 데 대한 감사가 자유를 제공한 사람에 대한 충성심을 자극한다. 예수님은 죄에서 해방을 받은 사람은 그의 말씀 안에 거한다는 말씀으로 이와 동일한 진리를 가르쳐 주셨다(요 8:31-36). 사도 바울은 더욱 분명하게 "너희가 본래 죄의 종이더니 너희에게 전하여 준 바 교훈의 본을 마음으로 순종하여 죄로부터 해방되어 의에게 종이 되었느니라"(롬 6:17)라고 말한다.

마음에서 일어나는 화학 반응을 성경적으로 말하면 이렇게 된다. 죄의 노예 된 상태에서 자유를 얻으면 하나님의 기준에 순종하려는 마음이 불타오르게 된다. 우리는 우리에게 베푸신 자비에 감사하는 마음으로 하나님의 말씀과 길에 헌신하는 것이다.

알아야 한다

그러나 하나님께 사랑과 충성을 보여 드리고 싶은 소망은 새로운 문제를 일으킨다. 하나님의 기준이 무엇인 줄 모르는데 어떻게 따를 수 있겠는가?

어떤 설교자가 하나님이 그의 아들을 주셔서 우리 죄에 대한 형벌을 갚게 하고 이제는 그의 자녀들이 사랑의 반응으로 그리스도를 영화롭게 하기를 원하신다고 설명했다고 해 보자. 우리를 위한 그리스도의 희생과 승리를 이해한 사람들의 자연스러운 반응은 "어떻게 하면 그를 영화롭게 할 수 있습니까?"라는 질문일 것이다.

그런데 설교자가 팔짱을 낀 채 머리를 흔들며 거만하게 "난 말해 주지 않겠소"라고 대답한다면 듣는 사람은 즉시 고민에 빠질 수밖에 없다. "이건 절망적인데. 왜 목사님은 주님을 영화롭게 하는 방법을 말해 주시지 않을까?"

그 설교자가 "주님은 여러분의 행위에 기초하여 사랑하기를 원하시지 않기 때문입니다"라고 한다면, 사람들은 눈이 휘둥그레지면서 "말도 안 돼!"라고 할 것이다. 순종으로 하나님의 사랑을 얻을 수 없다는 지식이 하나님을 영화롭게 하고 싶은 소망을 사라지게 할 수 없다. 은혜가 하나님의 사랑을 획득하려는 염려를 없애 주지만, 하나님께 사랑을 표현하고 싶은 갈망은 지우지 않는다.

우리는 죄의 노예에서 해방시켜 주신 분을 영화롭게 하기 원한다. 그러나 그리스도께 우리의 경배를 표현할 수 있으려면, 무엇이 그리스도를 영화롭게 하는지 알아야 한다.

아는 것이 힘이다

주님께 순종하려면 무엇이 그를 영화롭게 하는지 알아야 한다. 아는 것이 힘이다. 주님이 무엇을 원하시는지 알지 못하면 주님 뜻을 행할 수 없다. 하나님의 백성들이 하나님을 모르거나 하나님에 둔감하도록 은혜를 가르치는 행위는 사실상 그들 마음의 소원을 부정하는 행위다. 시편 기자는 이렇게 썼다. "내가 주의 법을 어찌 그리 사랑하는지요 내가 그것을 종일 작은 소리로 읊조리나이다"(시 119:97).

만일 하나님 기준에 순종해야 하나님이 우리를 사랑하신다면, 그 기준을 그렇게 사랑할 수는 없다. 그렇다면 하나님은 우리 인생 곁에서 인상을 쓰고 있는 심판관으로 보일 것이다. 우리는 규칙을 어기면 휘슬을 불고 벌을 주는 그분을 끝없이 두려워하면서 살게 된다. 거룩하신 하나님이 받아 주시는 순종의 기준은 오직 완전함밖에 없음을 알기에 많은 벌을 예상할 것이다. 그렇다면 하나님의 법은 즐거움이 아니라 오로지 두려움이 될 뿐이다.

알면 안전하다

시편 기자가 하나님의 기준을 그토록 사랑한 이유는 그 기준이 하나님의 성품과 사랑을 보여 주기 때문이었다. 하나님의 법은 그 백성들에게 선하고 안전한 길을 보여 준다. 사실상 하나님은 "너희가 이 길을 따르면, 최선의 삶을 얻을 것이다. 그리고 영적인 위험을 당하지 않고 안전하다"라고 하신다. 그 길은 우리가 두려워하는 길이 아니라 모든 신자들이 찾는 인생 지침이다. 하나님께서 우리를 위해 이 길을 이미 은혜로 예비해 두셨으니 얼마나 큰 축복인가!

하나님의 법은 선하고 안전한 길로 하나님께서 자기 백성을 위해 예비해 주셨다(시 19:10; 119:103). 이 길은 하나님 은혜를 얻게 하는 것이 아니라 하나님의 은혜의 표시이다. 하나님 백성이 이 선하고 안전한 길을 알지 못한다면 정말 불손한 일이다.

사랑의 법

하나님의 법과 은혜가 서로 반대 개념인 것처럼 가르치는 이유는 성경에 나오는 마음에서 일어나는 화학 반응을 이해하지 못하기 때문이다. 하나님의 법에 순종해야 우리가 사랑받는 것은 아니지만, 그렇다고 하나님 기준이 나쁘다거나 상관없다거나 무시해도 된다는 의미는 아니다. 우리 아이들이 어릴 때 번잡한 큰 길에 나가지 않았기 때문에 내가 아이들을 사랑한 것은 아니지만 그래도 안전한 울타리 안에 머물기를 원했다. 이처럼 하나님 기준은 우리 인생이 안전하기를 바라는 관심을 나타낸다.

하나님은 우리를 사랑하시기 때문에 "거짓말을 하면 사람들의 신뢰를 잃는다"거나 "배우자에게 충실하지 않으면 가정이 파괴될 것이다"라고 말씀하신다. 이런 기준들은(그리고 다른 모든 계명들도) 하나님이 돌보시는 사람들을 향한 사랑의 표현이다. 우리가 하나님의 계명을 가르치는 이유는 그 기준이 우리에게 도움이 되고 하나님을 영화롭게 하기 때문이다.

축복의 길

하나님이 말씀하시는 의의 길에 있을 때 우리는 하나님 축복을 가장 온전히 경험한다. 대부분은 하나님께 순종한 결과로 원만한 관계와 물질적 위로를 받는 삶을 얻는다(마 6:30-34). 그러나 늘 그렇지는 않다. 하나님께서 의도하시는 축복은 이런 것만 있지 않기 때문이다.

이 타락한 세상에서는 모든 사람, 심지어 꾸준히 하나님의 명령을 순종하는 사람들조차도 어느 정도 고난을 당하게 되어 있다(고후 4:17-18; 벧전 5:9). 하나님의 축복은 세상 사람들이 소중하게 여기는 것만으로 설명할 수 없다. 신실한 사람이 모두 다 편안하고 걱정 없는 삶을 사는 건 아니다. 사실 예수님은 제자들에게 핍박을 받게 되리라고 하셨다(요 15:20).

그리스도를 위해 사는 삶에 반드시 따르는 축복은 양심에 부끄러움이 없고 자신이 처한 상황과 상관없이 영적인 기쁨과 평안을 누리는 것이다(롬 14:17). 이런 축복은 세상이 줄 수도 없고 막을 수도 없다. 예수님이 우리 죗값을 치르시고 대신 그의 정체성을 우리에게 주셨기 때문에 우리는 부끄러움 없이 살 수 있다.

또 하나님께서 모든 것이 합력하여 선을 이루게 하시고 영원한 영광과 평안을 주겠다고 약속하셨기 때문에 현재 상황을 초월하는 삶을 살 수 있다(롬 8:18-21, 28). 이렇게 믿는 이유는 우리가 처한 상황이 분명하기 때문이 아니라 하나님께서 십자가에서 그의 성품을 보이셨기 때문이다(롬 8:32). 우리에게 예수님을 주신 그 손이 계획하신 길을 우리는 신뢰한다.

그러므로 우리는 불리하게 보일 때에도 하나님께 순종한다. 우리가 사는 세계는 도덕적 경험 세계이고 하나님께서 요구하시는 일이 궁극적으로 우리는 물론 하나님이 사랑하는 사람들에게 최선임을 믿기 때문이다. 만일 의를 위해 고상하고 희생적인 삶을 살려고 하는 사람이 없다면, 세상 모든 사람이 그리스도가 주시는 영적 평안과 온전함을 체험하지 못하고 고통 가운데 살게 될 것이다.

즐거움의 길

비록 이 세상에서 분명한 유익이 없다 할지라도 우리는 하나님께 순종한다. 그것은 하나님 기준이 하나님 자신의 의와 거룩한 성품을 반영하기 때문이다. 분명한 유익이 없는 상황에서도 하나님을 위해 삶으로써 우리는 하나님을 경외함을 나타낸다. 또 이를 통해 하나님을 위해 사는 삶이 세상 압력과 우선순위에 굴복하는 것보다 나음을 보여 준다. 우리가 하나님 안에 있는 귀한 것을 소중히 여기는 이유는 그 이상의 즐거움이 없기 때문이다.

다른 어떠한 유혹에도 불구하고 하나님 기준에 맞추어 사는 일은 궁극적으로 우리 주님과 동행하는 삶이 세상 그 무엇보다 나음을 보여 준다. 하나님은 다른 어떤 것보다 사랑스러운 분이시다. 그러기에 하나님과 멀어지게 하거나 영광을 돌리지 못하게 하는 것들로부터 분리되는 일이 우리에게는 즐겁다.

평안의 길

하나님 기준에 순종하는 일이 사랑 받기 위한 조건은 아니지만 매일 하나님의 즐거움과 평안을 누리는 데 영향을 미친다. 하나님이 보여 주신 영적으로 안전한 길을 벗어났다면 우리 자신에게서 비롯되지 않은 결과가 나타나도 놀라지 않아야 한다. 또한 하나님께서 우리를 안전한 길로 이끌기 위해 사랑의 징계를 사용하실 수 있다.

이런 징계는 하나님이 사랑하시지 않는 증거가 아니다. 오히려 사랑의 증거다. 사랑이 없다면 하나님은 우리를 그냥 방황하도록 내버려 두어 더 큰 해를 당하게 하실 것이다. 그러므로 하늘이 내릴 수 있는 최악의 징계를 당한다 해도 절대로 덜 사랑받는 게 아니다(히 12:6-14). 징계하시는 하나님의 손은 우리를 영원히 안아 주시고 보호하는 품 안으로 데려 가신다. 그러나 시련이 징계이든 아니든 우리에게 궁극적인 평안과 기쁨을 가져다 주는 사랑을 결정하진 않는다.

하나님의 은혜로운 뜻은 그리스도인의 삶이 건강하게 변하려면 하나님 기준에 대한 지식이 필요함을 이해하는 것이다. 하나님의 계명이 없으면 하나님이 의도하신 평안과 기쁨으로 사는 삶의 지침을 얻을 수 없다.

지식만으로는 해가 된다

이런 배경 속에서 하나님의 계명을 알면, 단순히 도덕이나 교리적 교훈만으로는 진정한 그리스도인의 삶에 오히려 해가 됨을 알 수 있다. 사람들에게 선하게 되라고 하거나 교리에 관해 정확하라고 가르치기만 하면, 사람들은 하나님과 맺는 관계가 자신의 행위 혹은 능력의 결과라고 생각하게 된다. 그렇지 않다. 하나님과 우리의 영원한 관계는 그리스도의 죽음과 부활을 신뢰한 결과이다. 그밖에는 아무것도 없다.

하나님과의 관계를 온전히 누리는 데 우리의 행위와 능력이 중요하긴 하지만, 그것으로 하나님의 사랑을 얻거나 유지하는 것은 아니다. 우리가 선하거나 지식이 많기 때문에 하나님의 자녀가 되는 게 아니기 때문이다.

그렇다고 악한 삶이나 이단적인 교리도 상관이 없다는 말은 아니다. 불신 상태를 계속 유지하거나 방황하는 사람은 하나님과의 영원한 관계에 대한 체험이나 확신이 없는 사람일 수 있다. 이는 21장에서 상세히 다룰 것이다. 그렇지만 계속 의무와 교리에 대해 배우면서도 거기에 걸맞게 하나님을 향한 사랑을 꾸준히 보이지 않는 사람은 주의할 필요가 있다.

의무와 교리의 위험

의무와 교리를 은혜 없이 전해 주면 두 가지 중 하나로 반응할 것이다. 바로 교만과 절망이다. 우리가 자녀들이나 신자들, 혹은 자기 자신에게 규칙적으로 전하는 주된 메시지가 "너는 더 나은 사람이 돼야 해"라거나 "너의 교리가 더 나아지도록 해야 해"라면, 그 결과는 점진적인 성화가 아니라 영적 건강의 점진적인 쇠퇴가 될 것이다.

"선해져야 해"의 교만 이것이 그 이유다. "선해져야 해"라는 메시지는 예수님을 찾아온 부자 청년의 메시지였다(마 10:17-22). 그 청년은 길에서 예수님을 만나서 "선한 선생님이여 내가 무엇을 하여야 영생을 얻으리이까(상속 받습니까)"(마 10:17)라고 물었다. 예수님은 즉시 그 질문의 의미를 아셨다. 우리 행위의 결과로는 어떤 것도 '상속 받을' 수 없다. 상속은 출생으로 다른 사람이 해놓은 일을 얻는 것이다. 마찬가지로 그리스도께서 우리를 위해 하신 일을 신뢰함을 통해 '거듭난' 결과로만 우리는 영생을 얻는다(요 3:3, 7, 16).

안타깝게도 그 청년은 자신이 한 질문의 모순을 알지 못했다. 그래서 예수님은 대화를 계속하셨다. 첫째, 예수님은 청년의 인사말에 대해 "너는 어찌하여 나를 '선하다' 하느냐? 오직 하나님 한 분만 선하시다"(막

10:18)라고 반문하셨다. 그런 다음 예수님은 "계명들을 지키라" 하시고 하나님 보시기에 충분히 선하려면 어느 정도가 되어야 하는지를 말씀하셨다. 사실상 예수님이 하신 말씀은 "너의 질문이 정말로 영생을 얻기 위해 네가 해야 할 일을 묻는 것이라면, 모든 계명을 지켜야 한다"는 의미였다.

그 청년은 완전히 잘못 대답했다. 하나님의 계명을 순종해야 한다는 예수님의 도전에 그 청년은 "이 모든 계명은 내가 어려서부터 다 지켰습니다"라고 주장했다(마 10:20). 바로 전에 예수님은 "오직 하나님만 선하다"고 하셨다. 그런데 5초도 되지 않아 청년은 허풍을 떨고 말았다. 그는 "저도 선합니다"라고 주장한 것이다. 하나님만이 그렇다고 예수님이 말씀하신 상태를 자기도 그렇다고 말했다. 그 주장이 설령 맞다고 해도 그는 십계명의 첫째 계명(유대인들에게 가장 중요한 계명) "나 외에 다른 신을 두지 말지니라"(출 20:3)를 어겼다.

예수님은 그 청년을 겸손의 길로 인도하셨다. 그러나 그는 교만의 길을 택했다. 예수님은 "선해지라"는 메시지에 인간이 보이는 반응 한 가지가 교만임을 보여 주셨다. 율법의 거룩한 요구(예를 들어, 절대적으로 바른 행위를 할 것, 훈련에 완전 철저할 것, 교리가 완벽하게 바를 것 등)를 통해 상한 심령이 되어야 하지만, 이 사람은 단순히 "나는 그 모든 것을 지켰습니다"라고 말했다. 그 말은 "나는 하나님의 은혜가 없어도 하나님이 요구하시는 것을 지킬 수 있습니다"였다.

모든 계명을 지켰다는 주장이 문제가 있는 이유는 하나님 말씀이 완전히 의롭고 하나님이 요구하시는 계명을 다 지킬 수 있는 사람은 없기 때문이다(롬 3:10). 만일 한 계명을 어기면, 모든 계명을 어긴 것이 된다(약

2:10). 모든 계명이 연관되어 있다. 은혜 없이 도덕과 교리만을 가르치면 하나님을 떠나가게 된다. 부자 청년도 자신의 선함을 확신한 나머지 결국에는 예수님을 떠나고 말았다(막 10:22).

"선해져야 해"의 절망 이 메시지에 대한 다른 한 가지 반응은 "나는 할 수 없다"이다. 이 말은 절망이다. 사람들은 거룩하신 하나님이 하시는 요구를 실제로 평가해 보고는 그냥 포기해 버린다. "나는 하나님이 하시는 요구를 모두 다 실천할 수 없다"고 마땅한 결론을 내린다.

이 태도는 종의 병을 고쳐 달라고 예수님을 찾아 왔던 로마 백부장의 말과 비슷하다. 군대 장교가 가진 막강한 지위와 권력에도 불구하고 그는 예수님께 "주여 내 집에 들어오심을 나는 감당하지 못하겠사오니"(마 8:8)라고 했다. 그는 자기에게 예수님의 도우심을 받을 자격이 없음을 인정했다. 예수님의 자비를 얻을 만한 선함도 없었다.

그러나 이야기는 여기서 끝이 아니었다. 백부장을 이어서 이렇게 말했다. "다만 말씀으로만 하옵소서 그러면 내 하인이 낫겠사옵나이다"(마 8:8). 그는 자신의 선함이나 능력을 의지하는 대신 주님께서 모두 맡아 주시기를 간청했다. 이렇게 함으로써 그 군인은 로마 장교에게 합당한 권력과 특권들보다 그리스도를 더 높였다. 백부장은 오직 그리스도만을 의지하였고, 모든 것보다 그리스도를 영화롭게 하였다.

의지하여 소원을 가지다

이런 일이 일어나야 한다. 하나님의 은혜에 의지한다고 해서 하나님을 높일 필요가 없어진다는 말이 아니다. 오히려 하나님의 큰 자비로 인해 그를 높여야 하는 의무가 우리 마음의 소원으로 변한다.

하나님을 높이기 위해 우리가 해야 할 일을 알게 되면, 그 소원을 이루기 위해 필요로 하는 힘의 대부분(전부가 아님)을 얻을 수 있다. 그래서 하나님의 말씀을 공부하고, 다른 신자들에게서 배우며, 성령께서 우리 마음에 보내신 신호를 듣는 일이 하나님이 계획하신 기쁨과 평안의 삶을 사는 데 매우 중요하다. 무엇이 우리에게 축복이 되고 하나님을 영화롭게 하는지를 단순히 알기만 해도 하나님께서 예비하시는 은혜를 맛보는 일이다.

그러나 더 알아야 할 것이 있다. 영적 변화를 위한 더 강력한 능력은 다음 장에서 살펴보도록 하자.

chapter 7

자신을
알아야 한다

하나님의 길로 행하려면 하나님의 선하고 안전한 길을 알아야 한다. 그러나 하나님을 영화롭게 하고 우리에게 축복이 되는 삶으로 변하기 위해서는 그것만으로는 부족하다. 길 안내를 잘 받았다고 해서 길을 찾아간다고 보장할 수 없기 때문이다.

성경을 가르치다 보면 이미 많은 사람이 하나님의 요구를 알고 있다는 사실을 발견하게 된다. 대부분의 사람들은 하나님이 정직과 친절, 순결, 신실함 등을 명령하신다는 사실을 알고 있다. 그런데도 사람들은 다른 길로 간다.

그러면 우리가 아는 길로 행하겠다고 굳게 결심하고 의지를 지키면 경건을 발전시킬 수 있을까? 우리 의지도 물론 필요하지만 그것만으로는 충분하지 않다. 아무리 굳은 결심을 해도, 지치고 실수하고 다른 길이 그럴 듯하게 보이는 까닭에 길을 벗어나게 된다. 구름 없이 맑은 날에는 햇

빛 비치는 하나님의 길로 가겠다고 결심하지만, 구름 없는 맑은 날이 늘 계속되진 않는다.

우리는 인간임을 알아야 한다

강점, 약점, 성향, 감수성 등 우리 자신을 아는 지식 또한 하나님이 우리를 위해 계획하신 길로 행하는 데 필요하다. 우리 자신에 대해 가장 먼저 알아야 하는 점은 우리가 인간이라는 사실이다. 당연해 보이는 말이지만, 인간이 무엇을 의미하는지 이해하지 못하면 하나님의 길로 행할 때 닥치는 문제들에 제대로 대처할 수 없다.

우리는 취약하다

인간이라는 말의 첫 번째 의미는 우리가 유혹에 취약하다는 것이다. 나의 인격, 배경, 훈련, 결심 등으로 사탄의 공격에 다른 사람들처럼 휘둘리지 않으리라 생각하지만, 이는 엄청난 착각이다.

성숙하지 못한 십대 아이들이라면 자기들이 영원하고 무너지지 않을 것처럼 행동할 수도 있지만, 성숙한 신자는 그렇게 순진하게 굴면 안 된다. 사도 바울은 "사람이 감당할 시험밖에는 너희가 당한 것이 없나니"(고전 10:13)라고 썼다. 우리는 모두 다 시험을 당한다. 이것은 모든 인간이 당하는 고난이다. 우리는 선천적으로 취약하다. 모두가 죄와 싸워야 한다.

신앙생활 초기에 나는 모든 사람이 고난을 당한다는 말에 위로를 받았다. 나는 이 말을 내가 당하는 유혹은 세상 다른 곳에 있는 누구라도 반드시 겪는다는 뜻으로 이해했다. 나만 홀로 당하는 고난이 아님을 알고 기뻤다. 지금도 그것이 위로가 된다. 그러나 지금은 그런 제한적인 관점을 가지고 있지 않다. 이제는 다른 사람들의 마음에 있는 고통을 어느 정도는 나도 겪는다고 이해한다. 질투, 정욕, 분노, 탐욕 등 어떤 죄의 씨앗도 내 안에만 있지는 않다. 우리 모두 안에 있다.

이것이 잘 이해되지 않는다면, 앞에서 언급한 것처럼 우리가 하나님의 계명 하나를 어기면 모든 계명을 어긴 것이라고 성경이 말하고 있음을 기억해야 한다(약 2:10). 각 계명은 한 차원에서 하나님께 신실한 것을 의미한다. 그래서 한 계명을 어기면 우리의 신실하지 못함이 엎질러져 다른 차원에 미친다. 예를 들어, 도둑질을 한다면 이와 동시에 우리가 대표하는 하나님의 이름을 헛되이 취한 것이 되어 하나님께 신실하지 못한 것이고, 탐욕의 신에게 절한 것이고, 다른 사람의 소유를 탐한 것이 된다. 단 한 가지 계명을 어기면 인간 전체가 공유하고 있는 죄의 어떤 측면들을 함께 나누게 된다. 그래서 바울은 "모든 사람이 죄를 범하였으매 하나님의 영광에 이르지 못하더니"(롬 3:23)라고 하였다.

모든 인간이 유혹에 대해 감수성을 가지고 있음을 강조하는 이유는, 우리의 감수성을 자각하지 못하면 커다란 영적 위험에 빠지게 되기 때문이다. 우리가 유혹이라는 낭떠러지에 가까이 있음을 알지 못하거나, 우리의 원수가 문 앞에 엎드리고 있음을 알지 못하면(창 4:7; 벧전 5:8) 쉽게 먹이가 되고 만다. 우리의 감수성을 깨닫게 되면 미리 적절한 주의를 할 수 있다. 하나님은 우리가 인간임을 아시기 때문에 미리 주의할 수 있게 은혜를 베풀어 주셨다.

우리는 배울 수 있다

하나님께서 미리 주의를 주시는 일은 종종 실제적인 충고 형태로 나타나 우리가 은혜의 길에서 벗어나지 않게 한다. 예를 들어 부모, 교사, 청소년 지도자들은 "악한 동무들은 선한 행실을 더럽힌다"(고전 15:33)는 하나님의 경고를 소개함으로써 아이들이 위험한 또래 압력에서 벗어나도록 도와준다.

은혜의 원리라 해서 다른 사람들이 마땅히 알아야 할 것을 말해 주어 유혹을 피하게 하는 일의 중요성이 줄어드는 것은 아니다. 다른 사람들이 도덕적 함정과 어려운 일을 당하지 않도록 실제적인 교훈을 가르치지 않으면 그것은 은혜가 아니다. 하나님이 우리를 배울 수 있게 하신 데는 이유가 있기 때문이다. 우리는 인간이기 때문에 위험한 유혹에서 벗어나도록 도와줄 실제적 교훈이 필요하다.

만일 중독 행위나 중독적인 관계 때문에 괴로워하는 사람이 있다면, 실제적인 충고를 해 주어 실제로 도움을 준다. 예를 들어 "퇴근할 때 그 길로 다니지 마세요. 그 길로 다니면 당신을 유혹하는 장소나 사람에게 너무 가까이 가게 됩니다"라고 충고한다. 자의적인 율법주의가 아니다. 그런 교훈은 성경의 실제적인 교훈을 반영한 것이다.

> 사악한 자의 길에 들어가지 말며
> 악인의 길로 다니지 말지어다
> 그의 길을 피하고 지나가지 말며
> 돌이켜 떠나갈지어다(잠 4:14-15).

때로 이런 행동 수정이 효과적이다. 세상의 심리학자들도 채택하고 있다. 우리 인간성에는 그런 실제적 교훈이 유익해지는 측면들이 있기 때문이다. 하지만 그런 실제적인 충고가 성경적이고 필요하더라도 우리의 영적 무기의 전부는 아니다. 우리의 공통적인 인간성을 뛰어 넘어 작용하는 은혜라는 강력한 무기는 아직 소개하지도 않았다. 그렇기 때문에 세상 심리학자들이 제시하는 충고는 예레미야 같은 선지자나 요한 같은 사도가 주는 교훈을 대치할 수도 없고 비교 대상도 되지 못한다.

우리는 구속받은 자임을 알라

성경 저자들이 하는 말 가운데 세상 사람들이 주지 못하는 지혜는 무엇일까? 선지자들과 사도들은 신자들에게 우리가 인간이지만 또한 구속받은 자라고 말한다. 하나님의 은혜로 마련된 이 강력한 혜택을 알지 못하면, 우리는 그리스도의 모습으로 성장할 준비가 제대로 되지 못했다.

우리는 아버지의 사랑을 받는 자다

이 책 첫 장에서 우리는 그리스도를 신뢰할 때 얻는 새로운 신분을 살펴보았다. 그리스도께서 우리 죄에 대한 형벌을 갚으시고 자신의 의로운 정체성을 나누어 주셨기 때문에, 하늘 아버지께서는 예수님을 사랑하시듯 똑같이 우리를 사랑하신다. 우리가 이 사랑을 받을 자격이 있거나 이를 얻을 만한 일을 하지 않았다. 우리가 한 일을 기초로 하지 않기 때문에 하나님의 사랑은 우리 태도나 행위의 좋고 나쁨에 따라 많아졌다 적어졌다 하지 않는다.

우리의 결심은 쉽게 깨지지만 우리를 향한 하나님의 사랑은 쉽게 깨지지 않는다. 이 사실을 알 때 하나님을 향한 사랑이 자란다. 그 사랑으로 더욱더 하나님을 섬기기 원하게 되고, 하나님을 위해 우리 자신을 걸고 위험을 무릅쓴 모험을 하게 되며, 잘못된 길로 갔을 때 하나님께로 돌아가려는 갈망이 생긴다(롬 2:4). 하나님은 언제나 우리에게 손을 내밀어 영적 싸움을 할 힘을 주시고, 우리가 넘어졌을 때 돌아와 회복하고 새롭게 하라고 부르신다.

우리는 아들과 연합되었다

우리는 아버지께 사랑을 받는 자일뿐 아니라, 그의 아들과 연합되어 있다. 이 연합을 통하여 우리는 그리스도의 정체성, 지위, 운명 그리고 능력을 공유한다.

이미 살펴보았지만, 우리가 그리스도의 정체성을 가진 것은 (1)그가 우리 죄에 대한 형벌을 담당하시고 오직 그만 소유한 거룩한 신분을 우리에게 허락하셨고, (2)우리 정체성을 훼손한 인간의 모든 결점들은 그리스도께서 해결하셨기 때문이다. 우리 과거는 하나님께 대해서 죽었고(갈 2:20), 우리 생명은 그리스도와 함께 감추어졌으므로(골 3:3), 이제 하나님은 우리를 그리스도의 무한하고 불변하는 의로 대하신다. 우리의 영적 은행 통장에는 그리스도의 선함이 가득 채워져 있다. 우리가 하나님 안에서 그토록 안전하기에 하나님은 벌써 우리에게 하늘의 신분을 허락하셨다(엡 2:6). 하나님이 우리를 기뻐하시는 이유는 예수님이 우리를 자기와 연합하게 하심으로 그의 거룩한 몸의 지체(고전 12:12-27), 그의 영광의 병기(롬 6:13), 그와 함께한 후사(롬 8:17-18)가 되게 하셨기 때문이다.

우리 안에 성령이 거하신다

우리가 그리스도의 정체성을 공유하기 때문에 하나님 우편에 앉는 그리스도의 특권도 함께 가진다(엡 2:6; 골 3:1). 또 그와 영원을 함께한다는 보장도 받는다(골 3:4; 살전 4:17). 그러나 천국에 들어가야만 그리스도와 연합하여 누리는 유익이 시작되는 것은 아니다. 그리스도께서는 이미 우리 안에 거하신다. 지식과 능력의 성령을 통하여 지금 우리가 그를 위해 살 수 있다(요 14:16-20; 살전 4:8). 우리는 영적 문제들을 만나지만 그리스도께서 성령을 우리 마음에 보내셔서 그를 영화롭게 할 지혜와 힘을 주시는 것이다(요 14:26; 고전 2:14; 엡 6:10).

우리는 새로운 피조물임을 알라

앞서 언급한 구속의 여러 측면들을 아는 지식은 영적인 삶이 발전하는 데 매우 중요하다. 아버지의 사랑을 받고, 그리스도와 연합하고, 성령의 내주하심을 얻는 의미를 설명한 후 바울은 우리가 "새로운 피조물"이라고 결론을 맺는다(고후 5:17). 그 결과 이제 우리는 "그리스도를 대신하여 사신 이 되어" 하나님이 우리를 통하여 권면하실 수 있게 되었다고 바울은 말한다(고후 5:20).

이 모두가 굉장한 일이다. 우리는 새롭게 되어 그리스도를 대신할 수 있게 되었다. 그러나 우리 모두는 즉시 그런 주장을 하기에 문제가 있음을 알게 된다. 우리가 새로운 피조물로 느껴지지 않는다. 여전히 죄를 짓고, 의심하고, 갈등한다. 여전히 같은 몸을 지니고 있고, 같은 얼굴을 하고 있고, 그리스도를 믿기 전에 가졌던 문제들과 씨름하고 있다. 그러면 어떤 면에서 우리가 새로운 피조물이라는 말인가?

변화된 본성

새로운 피조물이 된다는 말은 우리가 갑자기 모델의 몸매, 선지자의 마음, 사도의 DNA를 소유한다는 말이 아니다. 바울이 하는 말은 신체적 변화가 아니라 우리의 영적 본성이 근본적으로 변한다는 의미이다.

달라진 건 이렇다. 그리스도와 연합하기 전에는 우리가 범죄하지 않을 수 없었다(롬 8:7-8). 죄를 짓는 일만 할 수 있었다는 말이 아니다. 우리 삶이 하나님을 영화롭게 하고 기쁘시게 하는 일에 맞추어져 있지 않았다는 뜻이다. 자아에 대한 관심이 우리의 생각과 노력을 지배하고 있었다(고전 2:14).

상대적으로 안정적이고 세련된 상황에 사는 사람들은, 사회적 지위와 가족의 기대에 걸맞은 삶을 추구한다. 생존 수준의 삶을 사는 사람들은 일등을 하는 길만이 사회적 한계를 극복하는 방법이라 여겨 일등을 추구한다. 어느 경우든 하나님을 사랑하고 영화롭게 하려는 생각보다 우리에게 무엇이 유익한지에 대한 생각이 우리를 지배한다.

변화된 능력

그리스도와 연합한 사람은 무엇이 달라졌을까? 이제 우리는 경건하지 못한 우선순위의 지배를 받지 않는다. 우리는 죄에 저항하고 하나님의 우선순위를 추구할 수 있는 능력을 가졌다. 갑자기 완벽하게 행동할 수 있게 되었다는 말이 아니다. 삶을 지배하던 추구가 완전히 새로워졌다는 뜻이다.

성령께서 우리에게 죄와 이기심을 드러내 보여 주심에 따라 우리는 잘못을 고백하고 다룰 수 있게 된다. 예수님을 죽은 자 가운데서 부활시키신 바로 그 성령이 지금 우리 안에 거하시기 때문에 우리는 우리 결심을 돕고 죄를 이길 힘을 주는 그리스도의 능력을 소유하게 되었다.

우리는 새로운 피조물이기 때문에 우리 삶에 영적인 변화가 가능하다. 내일이 어제와 같을 필요가 없다. 우리는 죄의 습관, 끈질긴 약점, 강력한 유혹을 이기는 진정한 성장을 할 수 있다. 이것이 그리스도가 우리 안에 살게 됨으로 얻는 가장 큰 축복이다(갈 2:20). 그리스도의 정체성뿐 아니라 능력도 갖게 된 것이다. 우리의 새로운 본성은 이름만이 아니다. 영적인 능력에서도 새로운 피조물이다.

새로운 관점

우리가 본성이 변화한다는 진리를 알아야 할 이유는, 영적인 변화가 가능하다고 믿지 않으면 이를 위해 노력하지 않기 때문이다. 우리가 변할 수 있음을 알면 우리에게 변화를 향한 마음이 생기고 소망을 버리지 않게 된다. 반대로 영적 승리가 가능하다고 믿지 않으면 이미 전투에 졌다. 그런 이유로 사도 요한은 우리 각 사람에게 "너희 안에 계신 이가 세상에 있는 자보다 크심이라"(요일 4:4)고 확신시킨다.

사탄은 우리 의심과 양심의 고발을 통해서 우리에게 접근하여 이렇게 속삭인다. "너는 이 죄를 고칠 수 없어. 너는 어쩔 수 없어. 오랫동안 애를 썼지만 지금 너의 일부가 되어 있어. 하나님이 너를 그렇게 만들어 둔 거야. 실제로 책임은 하나님에게 있어."

이런 주장에 성경은 이렇게 대답한다. "그 말은 거짓말이다. 부활하신 주 예수님이 성령으로 내 안에 거하신다. 내 안에 계시는 이가 세상에 있는 자보다 크다. 나는 죄의 지배 아래 있지 않다. 나는 나의 과거나 정욕의 노예가 아니다. 나는 그리스도 예수 안에서 새로운 피조물이다."

새로운 능력

사도 바울은 우리와 그리스도의 연합으로 이제 우리 소유가 된 능력을 크게 기뻐하며 이렇게 말한다. "우리가 알거니와 우리의 옛 사람이 예수와 함께 십자가에 못 박힌 것은 죄의 몸이 죽어 다시는 우리가 죄에게 종 노릇 하지 아니하려 함이니"(롬 6:6).

이제 우리는 죄의 종이 아니다. 바울이 "죄가 너희를 주장하지 못한다"며 즐거워하는 이유는 "죄로부터 해방"되었기 때문이다(롬 6:14, 22). 이제는 충동에 지배를 당하지 않아도 된다. 과거가 미래를 결정하지 못한다. 배경이 소망을 가로막지 못한다. 신자는 죄의 굴레에서 해방된 새로운 삶을 사는 새로운 피조물이다. 그리스도께서 이를 약속하셨고 성경이 이를 확증한다.

그리스도 안에서 새로운 피조물이라는 우리 참 모습에 대한 지식을 가지면 죄의 지배에서 해방된 새 삶을 살 수 있다. 그 지식은 우리에게 능력을 주어 사탄의 거짓말에 저항하고 마음의 의심을 잠재우며 "내게 능력 주시는 자 안에서 내가 모든 것을 할 수 있느니라"(빌 4:13)라는 성경의 약속에 맞추어 행동할 수 있게 한다.

그리스도의 능력이 우리의 능력이다. 이 능력은 마음에서 일어나는 화학 작용을 통해 우리에게 놀라운 통제력을 제공하고 우리는 그 힘을 경험한다.

chapter 8
더 큰 사랑이
죄를 밀어낸다

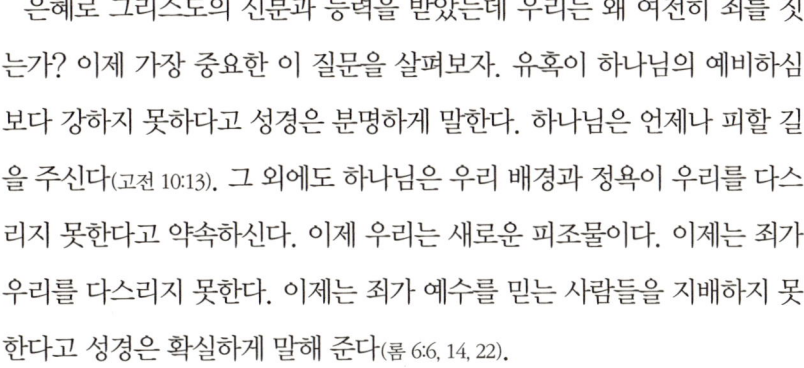

　은혜로 그리스도의 신분과 능력을 받았는데 우리는 왜 여전히 죄를 짓는가? 이제 가장 중요한 이 질문을 살펴보자. 유혹이 하나님의 예비하심보다 강하지 못하다고 성경은 분명하게 말한다. 하나님은 언제나 피할 길을 주신다(고전 10:13). 그 외에도 하나님은 우리 배경과 정욕이 우리를 다스리지 못한다고 약속하신다. 이제 우리는 새로운 피조물이다. 이제는 죄가 우리를 다스리지 못한다. 이제는 죄가 예수를 믿는 사람들을 지배하지 못한다고 성경은 확실하게 말해 준다(롬 6:6, 14, 22).
　이제 우리는 죄의 종이 아니다. 그런데 왜 죄를 짓는가?

죄를 사랑하기 때문이다

　혐오스러운 진리일 수도 있겠지만, "왜 우리가 죄를 짓는가?"에 대한 대답은 "우리가 죄를 사랑하기 때문"이다. 이렇게 생각해 보자. 죄가 우리 마음을 끌지 못하면 어떤 능력도 갖지 못 한다. 매력적이고, 즐겁고, 유익하게 보이기 때문에 우리는 죄에 굴복한다(요 3:19; 약 1:13-14). 죄의 능력이 아니라 우리 충동이 죄에게 운전석을 내어 준다. 죄가 우리 마음 안에 있는 사랑을 부채질한다.

예민한 양심은 "아니야, 나는 예수님을 사랑해. 나는 죄를 지었음을 고백하지만, 여전히 예수님을 사랑해"라고 할 수도 있다. 그럴 수도 있지만 잘못된 일을 하는 순간에는 죄를 더 사랑하고 있다. 그리스도를 전혀 사랑하지 않아서가 아니라, 그리스도를 다른 무엇보다 더 사랑하지 않기 때문에 죄를 짓는다.

"여보, 나는 당신을 사랑해. 외도 행위는 나에게 아무것도 아니야"라고 말하는 성실하지 못한 배우자를 기억하라. 죄는 예수님께 이처럼 말하게 만든다. 사랑한다는 말은 사실일지 모른다. 집에 있는 배우자를 과거에도 지금도 사랑할 수 있다. 그러나 뒤에 하는 말은 거짓말이다. 죄를 짓는 순간에는 다른 사람이나 정욕을 더 사랑한 것이다.

죄가 우리를 지배하는 힘을 갖는 이유는 죄 자체에 강력한 힘이 있기 때문이 아니라, 우리 마음이 나뉘어져 있기 때문이다(롬 6:12; 갈 5:24).

사랑에 대한 진리

이렇게 죄가 우리를 지배하는 힘을 주는 것이 죄에 대한 사랑이라면, 이를 어떻게 제거할 수 있을까? 성경의 대답은 간단하다. 더 큰 사랑으로 제거하면 된다.

존 오웬의 고전 『죄 죽이기 The Mortification of Sin』는 우리가 생명의 근원을 차단함으로 그 능력을 극복한다고 가르친다. 죄의 생명력의 근원은 죄에 대한 우리의 사랑이므로 그 사랑을 제거하거나 혹은 더 큰 사랑으로 바꾸면 죄를 이길 수 있다.

사랑으로 채우다

우리 가족은 숲속 오두막에서 자주 휴가를 보냈는데 겨울이 오면 오두막의 모든 난방 시스템에서 물을 빼야 했다. 그러지 않으면 물이 얼어서 관이 터지기 때문이다. 물이 들어가는 곳을 막고, 물을 빼는 곳의 밸브는 모두 열어 놓는다. 봄이 되면 이와 반대로 물이 들어가는 곳은 열고 물을 빼는 밸브는 모두 닫아서 물을 채운다.

온수 탱크는 이와 반대 과정이 필요하다. 탱크에 물을 채울 때는 꼭대기의 밸브를 열어 들어가는 물이 탱크 안의 공기를 밀어낼 수 있게 한다. 이와 비슷한 방식으로 그리스도의 사랑이 우리 마음을 채우면 죄가 번성하고 있는 공기를 몰아내고, 우리 마음은 죄에 냉담해진다. 그리스도에 대한 사랑이 죄에 대한 사랑을 대치하고, 죄가 우리 마음을 차지하는 데 필요한 영적 산소를 제공하지 않게 된다.

능력으로 채우다

그리스도를 향한 우리의 사랑이 우위를 차지하면(모든 것 가운데 첫째가 되면), 죄에 대한 사랑을 몰아내고 그리스도께 대한 경배에 박차를 가하게 된다(골 1:18). 9세기 스코틀랜드 설교자 토마스 찰머스는 이 과정을 "새로운 애정의 폭발적 능력"이라고 묘사했다.³⁾

우리 애정이 변함에 따라 우리 행동도 변한다. 우리 의지로 끊임없이 엄청난 노력을 해서가 아니라 변화된 소원에 맞추어 행동하여 악한 정욕을 극복한다(롬 8:5-6). 죄와 싸우는 일이 치열하고 힘을 다하는 영적 전투가 아니라는 말이 아니다. 변화된 애정의 힘이자 결과가 지속적인 평안과 능력이다.

사랑의 지배

예외 없이, 우리 삶의 에너지와 노력은 우리가 가장 많이 사랑하는 것에 지배당한다. 그래서 사도 바울은 신자들에게 "그리스도의 사랑이 우리를 강권하시는도다(지배하는도다)"(고후 5:14)라고 썼다. 그리스도께서는 우리 영혼을 확보하심으로 우리의 영원한 운명을 지배하실 뿐 아니라, 우리 마음을 그의 마음으로 이끄심으로써 현재 우리 행위와 의사결정에 지배력을 가지신다.

예수님은 이와 비슷하게 "너희가 나를 사랑하면 나의 계명을 지키리라"(요 14:15)고 하셨다. 이 말씀은 제자들의 충성으로 사랑을 시험하겠다며 꾸짖는 말씀이 아니다. 그분을 향한 우리의 사랑이 어떤 결과를 맺는지 확인해 주시는 말씀이다. 우리가 예수님을 첫째로 사랑하면, 예수님과의 동행이 우리의 첫째 우선순위가 된다.

사랑으로 동행하다

신학교를 졸업하고 사역을 시작한 지 얼마 되지 않은 청년 시절, 한 장로님이 주일 예배 후에 자기 가족과 함께 피크닉을 가지 않겠느냐고 제안했다. 혼자 사는 데다 맛있는 음식을 먹을 수 있는 기회를 마다할 이유가 없었다. 햇빛 비치는 가을날의 여행은 정말 아름다웠다. 우리는 멋진 강길을 따라 달려 숲속에 있는 빅토리아풍 마을로 갔다. 울긋불긋 아름답게 물든 단풍이 장관을 연출하고 있었다. 피크닉이 끝날 무렵 이십대의 장로님 딸이 함께 산책하며 이야기를 나누자고 했다. 지금도 그녀의 금발과 푸른 눈이 가을빛을 받아 반짝이던 모습이 기억난다. 나는 "당신과 함께 걷고 싶습니다"라고 대답했다.

당연히 나는 아름다운 그녀와 걷고 싶었다. 내 마음이 그녀를 향한 사랑으로 채워지니 그녀와 좀 더 가까이 걷고 싶었다. 이후 우리는 사십 년 이상 동행하고 있다.

이와 마찬가지로 하나님의 은혜의 아름다움을 이해하고 그리스도를 향한 사랑으로 우리 마음을 채우면 우리는 그분과 동행을 원하게 된다. 그를 향한 사랑이 우리 소원을 변화시키고 그의 우선순위가 우리의 우선순위가 된다.

능력으로 행하다

거듭 말하지만 사랑이 인간의 가장 강력한 동기이다. 하나님의 은혜와 사랑을 자주 말하는 사람들은 때때로 실제 삶의 문제에는 별 도움이 안 되는 달콤하고 감상적인 메시지를 전한다고 비난을 받는다.

은혜를 잘못 소개할 수는 있다. 그러나 일부 감상적인 태도 때문에 모든 사람이 목격할 수 있는 분명한 사실, 즉 사랑은 인생의 가장 큰 능력이라는 사실을 간과해서는 안 된다. 사랑(국가나 가족, 믿음이든 상관없이)은 인류 역사상 가장 강력한 움직임을 이끌었고 인간이 경험할 수 있는 가장 강력한 동기를 준다.

어떤 동기도 사랑보다 강하지 않다. 죄책감도 더 강하지 않다. 두려움도 더 강하지 않다. 사적인 이익도 더 강하지 않다. 이 모두가 사람들에게 좋은 방향 혹은 나쁜 방향으로 동기를 줄지 몰라도, 사랑보다 강한 것은 없다.

성경은 우리가 순종하는 데 도움이 되는 수많은 동기부여 수단들을 사용하지만 '하나님 사랑'이라는 한 가지 명령이 다른 모든 것들을 능가한다. 이것이 삶에 동기를 주어 하나님을 영화롭게 하고, 그가 사랑하는 사람들을 축복하게 한다(마 22:37). 성경에 동기를 부여하는 수단들이 많다고 해서 사랑이라는 최우선순위를 망각해서는 안 된다. 사랑이 첫째다! 왜 그런가? 사랑이 우리를 다스리기 때문이다(고후 5:14).

사랑의 근원

사랑의 능력을 아는 사람들은 자연스럽게 그 근원을 알고 싶어 한다. 마음을 사로잡고 강권하는 그 사랑은 어디서 오는가? 성경은 "우리가 사랑함은 그가 먼저 우리를 사랑하셨음이라"(요일 4:19)라고 한다. 우리 마음은 사랑에 사랑으로 응답한다.

변하지 않는 사랑

하나님의 은혜로운 속성에 대한 메시지가 성경의 교훈에서 그토록 한결같은(그리고 필요한) 이유는 천국의 핵심을 알면 마음이 사로잡히기 때문이다. 하나님의 은혜는 성경 모든 페이지에 드러나 있다. 인간의 거역과 부패에도 불구하고 우리를 찾으시는 하나님의 길고 긴 여정. 구주의 겸손한 섬김, 죄 없는 삶, 희생의 죽음, 승리의 부활 그리고 재림의 약속. 내 주하시며 증거하시고 능력을 주시고 도우시는 성령. 이 모든 일은 우리의 방탕함과 완고한 마음에도 불구하고 흔들림 없이 진행된다.

이런 여러 차원의 은혜와, 천 여 페이지에 달하는 하나님의 말씀이 하나님의 사랑을 드러내어 하나님을 사랑하게 한다. 이 책 후반부에서는 하나님의 은혜가 성경 전체에 얼마나 아름답게 펼쳐져 있는가를 집중적으로 살펴보겠다.

은혜의 화학 반응

은혜는 믿음이라는 마음의 화학 반응을 이끌어 내는 촉매제이다. 은혜를 통하여 우리는 사랑이 불타오르는 경험을 한다. 어떤 이들은 은혜가 죄에 허가증을 부여하는 것처럼 생각하지만 사도 바울은 반대로 "모든 사람에게 구원을 주시는 하나님의 은혜가 나타나 우리를 양육하시되 경건하지 않은 것과 이 세상 정욕을 다 버리고 신중함과 의로움과 경건함으로 이 세상에 살고"(딛 2:11-12)라고 했다.

이상하지 않은가? 딱 보기에도 안 맞아 보이는 말이 있지 않나? 은혜가 경건을 향한 추구에서 우리를 놓아 주는 게 아니라, 오히려 그 안에 거하도록 우리를 훈련시킨다. 마음에서 일어난 화학 반응이 머리로 따져 보는 계산을 이긴다. 종잡을 수 없는 머리는 핑계와 예외와 책임을 피할 구실을 찾지만, 사랑 고백을 받은 마음은 더 큰 경배로 사랑을 표현하고 싶어 안달한다. 거듭난 마음이 생각을 지배하면 생각은 하나님을 더 잘 사랑할 수 있는 방법을 찾고 은혜를 악용하려 하지 않는다.

chapter 9

은혜는
변화의 능력을 준다

은혜에서 비롯된 사랑이 신자들을 다스리면 순종할 동기는 물론 능력도 준다. 은혜를 가르치는 목적이 단지 동기를 부여하는 데 있다고 여길 수 있기 때문에 이 통찰은 매우 중요하다. 여기엔 그 이상의 의미가 있다. 은혜는 우리가 그리스도를 따라야 하는 이유를 제공할 뿐 아니라 따르는 데 필요한 능력까지 준다. 동기와 능력 둘 다 중요하다. 우리가 어떻게 변하는지 알아야 갈망하는 마음도 갖게 되기 때문이다.

변화를 소망하다

사역 초기에 알코올 문제로 괴로워하는 청년이 내게 상담을 요청했다. 그는 정기적으로 내 사무실로 찾아와 진지하게 대화를 나누었다. 내 사무실 창으로 정문이 보이는데 그 내담자가 건물 현관 기둥 뒤에 맥주를 감추고 사무실로 들어오는 것이 보였다. 그는 알코올을 끊고 싶다고 말했다. 나는 그 마음이 거짓이라고 생각지는 않는다. 그는 중독에서 벗어나기를 간절히 원했지만 알코올은 그를 지배하고 있었다.

우리는 중독이 어떤 결과를 가져오는지 이야기했고, 중압감이 강할 때 따라야 할 조치와, 중독을 지속하게 만드는 죄의 패턴들, 성경의 기준, 기도의 능력, 진정한 회개의 필요성, 책임과 피하는 일의 중요성 등을 나누었다. 이 모두가 선하고 성경적인 상담에 필요했다. 그러나 그 어느 것도 해결책이 되진 못했다.

지금도 내게 뾰족한 대안은 없다. 그러나 우리가 나누었던 대화, 주제, 방법들을 평가하면서 나의 접근 방식에 중요한 차이가 있음을 발견했다. 오랫동안 중독과 씨름하는 그를 접하면서 한 가지 의문이 생겼고 계속 그 답을 찾으려고 애를 쓰고 있다. 나는 내 상담이 성경적이었는지 필요했는지가 궁금한 게 아니다. 그때나 지금이나 나는 성경적이고 필요한 상담을 했다고 믿는다. 난 상담 전문가는 아니지만 성경과 일치하는 상담학 이론들을 반영하며, 지혜롭고 진지한 임상가들이 사용하는 방법을 안다.

나의 의문은 이런 방법들이 어떤 사람에게는 도움이 되고 어떤 사람에게는 도움이 되지 않느냐는 것이다. 왜 내가 노력한 결과가 일관성이 없을까? 나는 무엇을 놓치고 있을까?

변화에 대한 의문

나의 의문은 왜 어떤 사람은 변화되고 어떤 사람은 변화되지 않는가를 이해하려는 노력에 집중되었다. 특별히 나는 무엇이 신자들을 변화시키는지를 찾아서 나의 상담과 조언, 설교에 적용하길 원했다.

전문적인 상담을 하는 친구들에게서도 별다른 도움을 얻지 못했다. 성경 지침을 따른다고 주장하는 사람들 대부분은 나와 매우 유사한 방법을 사용했다. 어떤 사람은 기도나 묵상, 성경 암송, 일기 쓰기, 책임 파트너, 배경 분석 혹은 다른 건강한 상담 특징 등을 강조하였다. 그러나 그들이 사용하는 방법은 상당히 잘 알려진 기술들로, 상담자의 훈련 배경이나, 상황적 특성에 따라 약간씩 달라지는 정도였다.

이런 다양한 접근 방법들을 고려하면서 그 모두가 기본적으로 상황별 상담 범주 안에 있는 대응법임을 알게 되었다. 내담자가 상담자에게 문제가 무엇인지 이야기하면, 상담자는 그 문제에 대한 통찰을 제공한 후, 내담자가 '해야 할 일'을 말해 준다. 내담자도 원하는 일이고, 우리가 영적 변화를 촉진하기 위해 기대하는 일이기도 하다. 설교와 가르침, 자녀 양육 등에도 우리는 이와 비슷한 방법을 사용한다. 그리고 이 방법을 적절한 지식과 관심을 가지고 사용하면, 적절히 동기부여가 되어 있는 사람들은 어느 정도 문제가 해결된다.

변화를 위한 동기

설교를 하기 훨씬 이전에 상담을 하면서 건강하게 변화를 이루려면 적절한 사랑의 힘으로 동기를 불어넣어야 한다는 사실을 깨달았다. 나는 사람들이 이미 하고 있거나, 행해야 한다거나, 해야 할 일을 알고 있는 사람들에게 굳이 더 말할 필요는 없지만 동기를 부여할 필요는 있다고 느꼈다. 현명하게 구성된 체계와 실질적인 방법들로 악하고 파괴적인 행위에서 벗어나는 데 도움을 받더라도 내가 제시한 방법에 놀라워하는 사람들은 거의 없었다. 수많은 핑계와 합리화는 넘쳐났지만 "이제까지 거짓말(혹은 벌컥 화내는 것, 학대, 중독, 배우자 기만 등)이 잘못되었다고는 생각도 못해 봤습니다"라고 말하는 사람은 거의 없었다.

자신의 중독에 핑계를 대거나, 잘못을 몰라서 그랬다고 하거나, 자기 죄를 자랑하는 사람은 거의 없었다. 대개 사람들은 무엇이 옳고 그른지 이미 알고 있었다. 대부분의 사람들에게 더 필요한 것은 그들이 저지른 잘못에 대한 성경적 증거보다 변화를 위해 긍정적 조치를 하려는 충분한 동기였다.

방법만으로도 충분치 않다. 사람들은 "목사님, 저는 정말 변하고 싶습니다. 이 문제가 저는 물론 제가 사랑하는 사람들을 망치고 있습니다. 어떻게 해야 제가 변할 수 있습니까?"라고 말하곤 했다.

어떻게 변할 수 있을까?

나를 힘들게 한 것은 "어떻게?"라는 문제였다. 오랫동안 나는 성경적 훈련들(기도를 많이 하고, 성경을 더 많이 읽고, 예배 출석을 잘 하는 등)을 열심히 하면 방법적 문제는 해결될 거라고 생각했다. 그러나 결국은 이 모두가 더 많이 노력해야 하는 것으로 이해될 수 있음을 깨달았다. 아직도 뭔가를 놓치고 있었다.

훈련만으로는 안 된다

훈련은 유익하고 중요하고 필요하지만 인간이 더 많은 의지를 가지고 더 부지런해야 하는 것으로 해석되기 쉽다. 많은 사람이 훈련 시스템 참가를 단지 '더 많이 노력하는 것'이라고 연상했다. 훈련은 은연 중에 "너에게 달렸어. 네가 적절한 의지력과 훈련, 열심, 믿음을 구사한다면 발전이 있을 거야"라는 메시지를 준다.

의지력만으로는 안 된다

내가 관찰한 결과 이런 방법으로 발전이 이루어진다면 종종 그들 본인이나 상담자들이 인식하는 것과는 다른 이유 때문이었다. 많은 사람들은 자기가 노력하고 훈련을 부지런히 했기 때문에 발전이 있었다고 믿었다. 종종 그들은 잠시 유지되다가 무너지는 의지력을 의지했다. 그러나 개인의 결심이 아주 강력하더라도 아주 특별한 에너지가 공급되어야 함을 발견했다.

결과만으로는 안 된다

다른 결과를 얻는 사람들은 훈련에서 권장하는 새로운 생활 방식이나, 과거의 죄를 뉘우침으로 진정한 도움을 받았다. 이들에게는 자신이 지은 죄의 결과를 직면하는 것이 깊은 영향을 주어 삶의 방향을 바꾸게 했다. 그들은 수치스럽고 괴롭고, 갈등이 많은 삶으로 돌아가기를 원하지 않았다. 이들에게는 과거로 돌아가는 것에 대한 두려움이 더 나은 미래를 위한 훈련을 지속하게 만드는 요인이었다.

더 나은 삶이 동기가 된 사람들의 경험은 내가 찾고 있던 답에 서광을 비추었다. 나는 죄 있는 삶보다 죄 없는 삶을 더 사랑하게 되었기 때문에 뉘우침을 통해 동기를 얻은 사람들은 발전한다는(물론 초기에는 자신의 의지력의 도움도 있었다) 사실을 알게 되었다. 훈련은 잠시 동안 삶에 습관의 변화를 가져다 주었다. 죄의 습관이 일시적으로 깨졌다. 그러나 새로운 습관을 유지하게 하는 힘은 새로운 삶과 그 삶 안에 있는 사랑이었다.

사랑이 변화를 가능하게 한다

지속적인 건강을 되찾은 사람들의 동기는 자기보존이나 후회만은 아니었다(물론 이런 것들도 강력한 변화 촉진제임을 부인할 수는 없다). 종종 그들의 동기는 사랑하는 사람들(주님을 포함)과의 관계를 새롭게 하고 더 깊게 하려는 사랑이었다.

이 사랑이 지속적인 변화를 가능하게 하는 진정한 촉진제였다. 훈련의 힘보다 컸다. 도와주는 사람들(나를 포함)이 종종 훈련의 능력이라고 생각하는 것(이것은 아이러니컬하게도 의지력과 열정적인 노력으로 나온다고 여겼다)은 실제로 훈련 효과를 내는 요인이 아니었다. 훈련 능력을 인간이 성취하는 것으로 생각하면, 이는 세속적 혹은 마술적 관점이 된다.

훈련된 사랑

사람들이 훈련에 정식으로 참가하기 시작할 때 실제로 성령께서 깊숙하게 개입하신다. 성령께서는 성경을 통해서 하나님의 사랑과 은혜를 가르쳐 주신다. 기도를 통해서는 하나님의 자비와 교통하게 된다. 교제와 예배를 통해서는 하나님의 용납의 선함과 능력을 보게 된다. 간단히 말해 훈련은 사람들을 주님과 더 깊고 더 사랑하는 관계로 이끌어 준다.

바꾸는 사랑

그 결과, 주님을 점점 사랑하게 되고 점점 죄에 대한 사랑이 변한다. 오랫동안 고민한 끝에 나는 '어떻게 하면 죄를 극복할 능력을 가질 수 있는가?'라는 방법의 문제는 '왜 변화되어야 하는가?'라는 이유의 문제 방식으로 해결됨을 알게 되었다. 이 두 가지에 대한 답은 '주님에 대한 사랑'이었다.

이 말은 지나친 감상주의로 하는 말이 아니다. 우리가 가장 많이 사랑하는 것이 우리를 지배하게 되어 있다. 결국 그 알코올 중독자 청년을 변화시킨 것은 훈련이나 책임 그룹 방식이 아니라 자기 어머니의 중한 병이었다. 자신의 삶이 어머니에게 끼친 영향과 자신의 건강과 도움이 어머니에게 얼마나 절실한지를 알게 되었을 때, 어머니에 대한 사랑 때문에 그는 변화하지 않을 수 없었다. 그리고 하나님의 은혜가 자신의 실패와 비행, 수치보다 크다는 것을 기억하게 되었을 때, 기독교 훈련에 참가하기 시작했고 결국 그것이 도움이 되었다.

자신의 의지력으로 한 훈련이 아니었다. 훈련은 하나님의 은혜가 정기적으로 공급되는 탯줄이었다. 이전에 알던 하나님의 진노와 불쾌함, 미움 등과는 비교도 할 수 없는 하나님의 사랑과 지원의 메시지를 알고 정기적으로 누리게 되자 그의 의지에 힘이 더해졌다. 이제 훈련은 하나님의 호의를 얻기 위해 할 수 없이 하는 일이 아니었다. 오히려 하나님의 약속과 능력을 즐기는 통로가 되었다.

축복은 물물 교환이 아니다

기독교 훈련(기도, 성경 읽기, 성례와 교제 등)의 목적에 대한 우리 패러다임이 바뀌어야 한다. 많은 사람이 이런 훈련을 교환을 위한 수단으로 생각한다. 우리 부지런함과 하나님의 호의 혹은 도우심을 교환하려 한다. 노력과 훈련을 통해 하나님을 만족시켜 드리고 그분의 호의를 기대한다. 우리가 좋아하는 것과 하나님이 좋아하시는 것을 맞교환하려는 것이다.

그릇된 이유

훈련을 교환에 이용하려는 목적은 분명히 성경에 어긋난다. 훈련 자체가 문제가 아니라 훈련을 잘못 사용하는 동기가 문제다. 잘못된 이유로 바른 일을 하는 것은 잘못이다. 우리는 아주 기초적인 성경의 전제를 잊고 있다.

구약에서 하나님의 백성들은 종종 하나님의 명령과 이웃의 어려움을 무시하면서 하나님을 달래기 위해 제사를 드렸다. 여호와께 드리는 제사 자체는 좋은 것이다. 실제로 하나님은 하나님을 경배하는 표시로 그런 제사를 드리도록 명령하셨다. 그러나 제사가 하나님을 설득하기 위한 뇌물로 사용될 때 하나님은 제물에서 나오는 연기가 역겹다고 하셨다(사 1:11-14; 암 5:12).

분별없는 뇌물

성경을 읽는 이유가 하나님의 진노를 막거나 사랑을 얻으려는 의도라면 하나님의 선하심을 우리의 선함으로 사려는 노력을 하는 것이다. 가끔씩 사람들은 "오늘은 일이 잘 안 될 줄 알았어. 기도를 충분히 하지 않았거든"이라며 무의식중에 이런 태도를 드러내는 말을 한다.

기도를 얼마나 해야 충분한 걸까? 우리는 영적 훈련을 하늘 자판기에 넣는 동전처럼 사용하려고 생각한다. 그러나 이런 생각은 우리 행위가 제아무리 선하다 해도 하나님께는 더러운 옷에 불과하다는 것을 알면 산산이 부서진다(사 64:6). 우리는 뇌물을 써서 축복을 얻어 낼 수 없다.

우리 훈련이 충분히 길거나 깊거나 유창하기 때문에 하나님께 받아들여질 수 있는 것이 아니다. '충분함'으로는 무한히 거룩한 하나님께 통하지 않는다.

변화를 위한 양식

영적 훈련이 그리스도인의 삶에 도움이 되는 유일한 길은 그것을 교환 수단이 아니라 양식으로 생각하는 것이다. 훈련은 하나님의 은혜를 사기 위한 동전이 아니다. 훈련은 하나님이 주시는 만나로서, 그리스도를 향한 우리의 사랑이 자라게 하는 영양소다. 우리가 성경을 통해 풍성한 은혜를 묵상할 때, 기도로 하나님과 교제할 때, 교제를 통해 하나님의 다양한 자비를 경험할 때, 하나님 사랑에 대한 이해가 성장한다. 그 결과 하나님을 향한 사랑도 성장하고, 매력적이더라도 우리에게 해가 되는 다른 작은 사랑들은 버리게 된다.

노력에 공급되는 산소

훈련이 건강하고 지속적인 변화를 위한 가장 강력한 수단인 그리스도를 위한 사랑에 기여할 때 하나님이 계획하신 목적을 달성한다. 하나님의 목적은 마라톤 선수가 결승선에 도달할 수 있는 힘을 주는 산소에 비유할 수 있다. 의지와 결단도 필요하지만, 공급되는 산소가 없으면 노력이 소용이 없다.

마라톤 선수들은 산소를 얻기 위하여 입을 벌린다. 산소를 만들어 내려고 입을 벌리는 것이 아니다. 아무리 노력해도 산소를 만들어 낼 수는 없다. 이미 주위에 널려 있는 산소를 빨아들이려고 입을 벌린다.

마찬가지로 성경을 펴거나 기도하거나 교제할 때, 이런 선한 일이 하나님의 은혜를 만들어 낼 거라고 기대해서는 안 된다. 하나님의 무한하고 무조건적이고 값없는 은혜는 이미 우리 곁에 와서 우리가 흡입하여 힘을 얻기를 기다리고 있다.

열정의 능력

이 열정이 우리 마음의 목적과 우선순위, 소원을 바꾸어 놓으면, 우리는 변화를 위한 동기뿐 아니라 능력도 얻게 된다. 이 진리를 분명히 알게 되자 나는 방법에 대한 장기간의 고민이 끝났음을 깨달았다. "어떻게 하면 변할 수 있을까?"라는 문제는 "왜 변화되어야 할까?"라는 문제의 방식으로 완전히 해결되었다.

왜 우리는 하나님을 영화롭게 하고 기쁘게 해 드리기 위해 변화해야 할까? 무엇보다 하나님을 사랑하기 때문이다. 그러면 어떻게 하나님을 영화롭게 하고 기쁘시게 하는 변화를 이루어 낼 수 있을까? 무엇보다도 하나님을 사랑할 때 변화될 능력을 얻게 된다. 하나님을 향한 사랑이 더 작은 사랑들을 몰아낼 때, 작은 사랑들은 우리 관심을 끄는 능력을 상실하고, 우리를 지배할 능력도 잃게 된다. 하나님을 향한 사랑이 다른 모든 것을 이기게 될 때, 하나님의 능력도 다른 모든 것을 이기게 된다. 영적 훈련의 궁극적 목적은 우리의 마음을 그리스도를 향한 사랑으로 채워 다른 모든 사랑들이 쫓겨나고 힘을 잃게 하는 것이다.

사랑의 능력으로 충만하게 되는 법

우리 막내딸은 고등학생 때 학교 수업 전후에 많은 활동을 하느라 무척 바빴다. 나의 일정도 정신없이 빽빽했기 때문에 둘이 만나는 일이 정말 드물어졌다. 그래서 아내가 나에게 일찍 일어나 딸의 아침을 준비해 주면 어떻겠냐고 제안을 했다. 대단한 식사 준비는 아니고 그저 시리얼을 준비할 뿐이었다.

시리얼을 준비하면서 아빠로서 내가 가진 책임을 생각할 기회가 있었다. 물론, 점심 먹을 돈을 주거나 남자애들이 어떤지 말해 주거나, 친구 문제를 들어 주거나, 수학 선생님의 시험에 대해 설명할 때 적당히 맞장구를 치거나, 소프트볼 연습 때 정시에 맞게 차를 태워 주는 등 책임이 많았다. 그러나 나는 나의 최고 우선순위가 그 단순한 아침 준비 과정에 반영되어 있음을 깨닫기 시작했다. 딸의 시리얼 그릇에 우유를 채우면서 그 애의 마음에 그리스도를 향한 사랑을 가득 채워 주어야 할 책임을 깨달은 것이다.

그 우선순위가 다른 책임들보다 왜 더 중요했을까? 부모들은 그 대답을 안다. 시련과 유혹이 기다리고 있기 때문이다. 그러나 마음이 그리스도를 향한 사랑으로 가득 채워져 있으면 그 어떤 것보다 더 안전하고 더 강하고 더 잘 준비된 마음으로 이겨 낼 수 있다. 이것이 시리얼 그릇에서 드러난 '마음의 화학 반응'이다. 이것은 하나님의 모든 자녀를 양육할 때 사용할 수 있다. 그리스도를 향한 사랑으로 가득한 마음은 그리스도인의 삶을 위한 동기와 능력으로 충만해진다.

chapter 10

받은 은혜를 알면 나누게 된다

"이제 당신은 무엇을 원합니까?"

이 질문에 인종차별이 철폐된 남아공의 법정에는 정적이 흘렀다. 가녀린 흑인 여인 한 명이 천천히 일어섰다. 조금 전에 반 더 브로크라는 이름을 가진 전직 보안관이 그녀의 남편과 아들을 살해했다고 자백했다. 그 보안관은 정부 관료 복장으로 그녀의 집을 찾아와서 아들을 쐈다. 그런 다음 아이 시신을 불태우고 부하들과 떠났다.

나중에 그 보안관은 돌아와서 그녀의 남편을 집에서 끌어냈다. 그녀는 이 년 간 남편의 소식을 듣지 못했다. 그런데 어느 날 밤 경찰이 와서 그녀를 강변으로 데리고 갔다. 그곳에는 매를 맞은 남편이 묶인 채 나무 더미 위에 놓여 있었다. 몸에는 휘발유가 부어져 있었다. 불이 붙었을 때 남편의 마지막 말은 "아버지, 저들을 용서하소서"였다.

그녀는 그 모두를 생생하게 기억하고 있었다. 이제 남아공 진실과 화해

위원회 위원으로서 그녀를 법정으로 부른 것이다. "이제 당신은 무엇을 원합니까? 이처럼 야만적으로 당신 가정을 파괴한 사람에게 어떤 심판을 내려야 하겠습니까?"

그녀가 대답했다.

"나는 세 가지를 원합니다. 첫째, 나를 내 남편의 시신을 불태운 곳으로 데려다 주십시오. 그래서 제가 재를 모아서 그이의 유물을 정중히 묻어 줄 수 있게 해 주십시오.

나의 남편과 아들은 내 유일한 가족이었습니다. 두 번째로 반 더 브로크 씨를 내 아들로 삼게 해 주십시오. 그 사람이 한 달에 두 번씩 판잣집으로 와서 나와 함께 종일 지내게 하여 내게 남아 있는 사랑이나마 그에게 쏟아 줄 수 있게 해 주십시오.

그리고 마지막으로, 내가 용서하는 이유는 예수님이 우리를 용서하시기 위해 죽으셨기 때문이라는 것을 반 더 브로크 씨가 알기 원합니다. 누가 와서 저를 그가 서 있는 법정 저편으로 데려가 주시겠습니까? 반 더 브로크 씨를 내 팔로 안아 주어 그가 진정으로 용서받았음을 알려 주고 싶습니다."

법정 보조원들이 그 늙은 여인을 그에게 데려다 주자, 반 더 브로크는 자기가 막 들은 말에 놀라 정신을 잃고 말았다.[4]

자비의 사명

이 글을 읽으면서 많은 사람들이 그 여인의 마지막 요구가 과연 바른지

의구심을 가질지 모른다. 살인자에게 그렇게 잘해 주어야 하나? 정의를 위해 다른 결정을 해야 하지 않았을까? 이 이야기가 과연 사실일까?

당연한 의문이다. 성경이 정말 이 여인처럼 용서하라고 요구할까? 그 답은 다른 책들에서 찾는 걸로 하자. 나는 이와 다르지만 중요한 질문을 해 보겠다. "이 여인이 용서한 동기는 어디서 비롯되었는가?"

앞선 이야기에서 그녀는 "내가 그(살인자)를 용서하는 이유는 예수님이 용서하시기 위해 죽으셨기 때문"이라고 대답했다. 그녀는 그리스도의 희생으로 자기가 받은 자비를 나누어 주기 원했다. 단순하게 보일지 모르지만 이것이 모든 기독교 사명과 윤리의 기초이다. 우리가 받은 은혜가 우리를 변화시켜서 세상을 변화시키는 그리스도의 도구로 쓰임 받게 한다.

은혜에 대한 오해

은혜가 지닌 변화시키는 능력은 종종 오해를 불러일으킨다. 하나님의 은혜가 얼마나 놀라운지 사람들에게 설명하려는 노력이 종종 자기중심적인 그리스도인을 만든다는 비난을 받는다. 지나치게 은혜를 강조하면 사람들이 이기적이 될 수 있다는 것이다. 예를 들어 내가 받을 용서, 나를 향한 하나님의 자비, 나를 기다리는 천국 등 자기 필요만을 생각하는 사람이 된다고 생각한다.

나의 계산

이 논리대로라면 완전히 자기 탐닉으로 빠지게 되겠지만, 마음의 영역을 지나면서 방향이 완전히 바뀌어 버린다. 이기적인 '내'가 조종하는 계산은 희석되고, 신자의 마음에서 일어나는 은혜의 화학 반응으로 방향이 바뀐다.

나는 사람들이 하는 우려가 타당하고 그 논리 역시 부정할 수 없다는 데 동의한다. 만일 은혜가 현재뿐 아니라 영원히 하나님의 용서를 약속한다면, 그 은혜를 받는 사람은 "그래, 나와 예수님 사이는 문제 없어. 이제 다른 사람이나 다른 일을 신경 쓸 필요가 어딨어?"라고 결론을 내릴 수도 있다.

배려의 화학 반응

만일 우리가 진심으로 예수님을 사랑한다면 예수님이 사랑하는 사람이나 물건을 사랑할 것이다. 이런 마음은 우리의 타고난 성향이나 처음 드는 생각이 아닐 수도 있다. 사랑은 물론 이해의 측면에서 성숙해야 할 수도 있다. 그러나 최종적 결과는 동일하다. 그리스도의 우선순위가 우리 우선순위가 된다.

나는 아내를 사랑해서 기쁘게 해 주고 싶기 때문에 내가 잘 이해하지 못하는 클래식 음악을 듣기도 하고 별 관심이 없는 식탁보 선택에 대한 질문에도 대답한다. 아내는 나를 사랑하기 때문에 같이 낚시를 가서 내가 잡은 고기가 아무리 작아도 "와, 대단해"라고 말해 준다. 우리는 서로 사랑하기 때문에 상대방이 사랑하는 것을 사랑한다. 또 우리는 상대방의 친구와 가족을 사랑한다. 우리는 서로 사랑하기 때문에 상대방이 사랑하는 사람을 사랑한다.

예수님이 사랑하시는 것 예수님은 사랑스럽지 않은 사람, 버림받은 사람, 어려움에 처한 사람, 잃어버린 자, 가난한 자, 고아와 과부를 사랑하신다(시 9:18; 사 16:3-5; 마 11:5; 요 3:16; 4:35; 약 1:27). 그분은 힘없는 사람들에게 자비를 보이시고 보호하기를 사랑하신다(렘 9:24; 미 7:18). 그는 자신의 창조물, 자신이 보살피는 피조물, 그리고 자신의 형상대로 만들어진 모든 것을 사랑하신다(창 1:25-31; 2:15; 시 145:8-9; 146:6-9). 만일 우리가 예수님을 사랑한다면 예수님이 사랑하시는 것들도 사랑할 것이다.

예수님의 우선순위 예수님은 "내가 진실로 너희에게 이르노니 너희가 여기 내 형제 중에 지극히 작은 자 하나에게 한 것이 곧 내게 한 것이니라"(마 25:40)라고 하셨다. 이 말씀을 통해 우리가 예수님을 사랑하면 우리의 우선순위가 변할 것을 가르쳐 주셨다. "지극히 작은 자"에 대한 우리 배려가 그들을 사랑하는 그리스도에 대한 사랑의 표현임을 아는 데서 동기부여가 되어 그리스도인의 동정이 나온다.

우리를 향한 그리스도의 사랑이 그를 향한 우리의 사랑을 자극한다. 그것은 그가 기뻐하시는 것은 무엇이든 우리가 원하게 만들어서 그가 사랑하시는 사람들에게 그의 은혜를 나누어 주게 한다. 그 결과는 직관에 반대되지만 아주 강력하다.

예수님의 영광 타협하는 머리는 이렇게 계산을 할 수 있다. "내가 한 일과 상관없이 오직 은혜 때문에 믿음으로 구원을 받는 거지. 그렇다면 굳이 선하게 살려고 할 필요가 있을까?" 이에 대해 은혜에 고무된 사랑으로 움직이는 마음은 담대하게 대답한다. "그래서 우리는 우리를 구원하신 분께 감사를 표현하고, 우리의 삶과 이웃을 향한 사랑에 그의 은혜를 반영함으로써 그분께 영광을 돌려야 해."[5]

은혜의 윤리

사랑하고 동정하며 사는 삶은 그리스도께 은혜를 받았기 때문이지 그것을 얻기 위한 수단이 아님을 이해하는 것이 중요하다. 최근에 나온 여러 책들은 복음주의 그리스도인들이 성경이 말하는 윤리적 삶과 하나님 나라의 우선순위를 무시한다고 책망하고 있다.

성취주의의 위험

물질주의, 소비자 중심주의, 탐욕이 서구 교회에 침투하여, 가난과 전쟁, 인종차별, 질병, 영양불량, 문맹, 중독, 노예제, 실업, 박해, 억압, 박탈 등으로 고생하는 수많은 사람들에게 물질로 보여 주어야 할 동정심을 보여 주지 못하게 하고 있다는 사실을 누구도 부인하지 못할 것이다. 이런 우리 무관심은 죄이며 마땅히 비난 받아야 하고, 교정되어야 한다.

이런 악을 교정하려면 마음을 주장하여 성경적 동정심을 갖게 하는 은혜에 기초해야 한다. 그렇지 않으면 의도하지 않았지만 새로운 율법주의를 만들어 내게 된다. 그리스도인들은 자신의 천국 신분이 자기들의 행위에 기초한 줄로 알게 되고, 결국 성취에 기초한 신앙은 교만 아니면 절망으로 이어진다.

마음의 변화

복음은 우리의 마음을 변화시켜서 우리 주변 사람들의 필요에 부응하게 함으로써 세계를 변화시키려는 목적을 가지고 있다. 그러나 진정한 마음의 변화는, 은혜가 없으면 영원한 심판을 받을 수밖에 없는 사람들에게 주신 하나님의 자비를 이해할 때 생기는 영적 변화이다.

이 마음의 반응을 은혜를 구하는 것과 혼동하지 않도록 주의해야 한다. 동정심이 전혀 보이지 않는 경우에는 마음에 은혜가 들어왔는지 의심해 보아야 마땅하지만, 은혜를 얻기 위한 수단으로 동정을 표하라는 요구는 전혀 다른 일이다.

하나님의 사랑을 나눔

그리스도를 닮은 사랑을 충분히 표현함으로 하나님 나라에 들어갈 수 있다고 생각한다면, 우리의 행동이 아무리 이기적이지 않고 철저하다 해도 그리스도의 행동에는 미칠 수 없다. 주님이 다시 오실 때까지, 우리 의는 언제나 문제를 해결하기에 불충분하다(마 5:29; 막 14:7). 우리의 가장 선한 행위도 더러운 옷 같으며(사 64:6), 우리가 해야 할 일을 다했다 해도 여전히 우리 주님의 상에 앉기에는 합당하지 않다(눅 17:10). 선행에 근거한 천국 소망은 오직 그리스도의 사랑에만 근거한 소망의 복음을 훼손한다.

우리는 사랑과 동정을 드러내어 구주를 영화롭게 하고 기쁘시게 하며, 천국을 이 세상에 임하게 하고, 우리 마음을 변화시킨 은혜를 믿을 수 있게 해야 한다. 우리가 다른 사람들에게 사랑을 보이는 것은, 그렇게 함으로써 우리가 그리스도를 사랑함과 그리스도께서 그들을 사랑하심을 나타

낼 수 있기 때문이다. 다른 사람들에게 우리의 사랑을 받을 자격을 먼저 갖추라고 요구해서는 안 된다. 그리스도께서는 우리가 자격을 갖추지 않았을 때에 은혜를 베푸셨기 때문이다(롬 5:8-10; 요일 4:10).

그리스도의 사랑의 우선순위

우리가 사랑을 표현하는 주된 목적은 언제나 그리스도의 영원한 사랑을 전하는 것이다. 물론 긴급한 필요 때문에 세상적인 보살핌을 주어야 할 수도 있다. 그래서 그리스도의 마음을 따라서 다른 사람들의 필요를 채워 주고 세상을 변화시키면서 (1)자비가 없는 천국 신앙은 공허하다(눅 10:29-37; 약 2:16), (2)천하를 얻고도 생명을 잃으면 아무 유익이 없다(마 16:26)는 것을 염두에 두어야 한다.

그러므로 인내하며 그리스도의 마음을 창의적이고 희생적으로 나타냄으로써 복음의 신뢰성을 높이고 하나님 나라의 확장을 추구할 수 있다. 이것은 복음을 타협하는 일이 아니다.

그리스도의 사랑 체험

다른 사람들에게 그리스도의 동정심을 표현하는 일은 단순한 박애 행위가 아니다. 우리가 다른 사람들에게 사랑을 표현하는 또 하나의 이유는 이를 통해 우리가 그리스도의 사랑을 더욱 경험할 수 있기 때문이다(획득이 아니다). 그리스도의 사랑을 이타적, 희생적으로 표현하다 보면 우리를 향한 그의 사랑의 실재와 깊이를 더욱 느끼게 되고, 결과적으로 그를 더욱 사랑하게 된다(마 22:36-40; 요일 3:14-19; 4:12). 피조 세계를 보살피고 공동체를 향해 동정심을 표현하는 일은 세상에 대속의 사랑을 알리며, 그리스도를 영화롭게 하고, 그의 사랑을 다른 사람들에게 보여 주는 일이다.

그러나 그리스도의 사랑을 표현하기 때문에 그 사랑을 얻는 것은 아니다. 그 사랑을 세상에 소개하기 때문에 천국에 들어갈 자격을 얻는 것이 아니다. 주께서 은혜로 우리에게 영생을 주셨기 때문에 천국에 들어간다. 오직 우리는 은혜에 대한 반응으로 감사하고 찬양할 뿐이다(골 3:16-17).

그의 사랑을 널리 전함

주님의 은혜는 우리를 그의 나라로 데리고 들어가고, 그 나라에 거하게 하고 그 나라에 확고히 자리잡게 한다. 그의 나라는 우리 안에서 그리고 우리를 통해 번창한다. 우리는 신실함을 통해 그의 나라의 목적과 실재를 널리 퍼뜨린다. 물론 우리 안에 그의 우선순위가 보이지 않는다면 우리가 그의 나라에 속했다고 확신할 수 없다(요일 4:8, 20). 그러나 우리가 그의 나라 시민이 된 것은 오직 그의 은혜 때문이다(요일 4:9-10). 우리가 그분을 위해 하는 일은 그의 은혜가 우리에게 먼저 주어졌기 때문이다(요일 4:11).

그의 사랑이 우리 안에 있다 그 은혜는 그의 나라 우선순위대로 살아야 우리에게도 유익하다고 권고한다(시 1:1-3; 마 5:6-8). 우리가 용서하는 것은 단지 그의 명령이고 또 다른 사람이 우리 용서를 필요로 하기 때문일 수도 있지만, 증오 자체가 우리에게 해롭기 때문이다.

용서하지 않는 마음은 주위 사람들을 불편하게 하는 독을 품고 있는 것이다. 다른 종류의 죄도 마찬가지다. 그런 죄에 빠지면 우리 자신이 망가진다. 우리에게 천국의 동정심이 없는 것이 용서 거부나 이기적인 집착, 혹은 악한 추구로 나타나도 결과는 마찬가지다. 하나님 나라의 아름다움을 경험하지 못하게 되는 것이다(요일 3:17-19).

그 아름다움은 구주의 임재, 평화, 동의를 체험하는 것이다. 이전에 누리던 아름다움 가운데 하나라도 잃었다면 죄로 인한 피해이다. 그러므로 은혜의 아름다움을 이용해 시간 낭비와 탐닉, 죄에 대한 경시를 핑계한다면 은혜를 올바로 이해하지 못한 것이다.

주님은 우리가 그를 사랑하는데 그의 은혜를 악용하고, 말씀을 소홀히 하고, 고난을 무시하고, 그의 이름을 더럽히고, 심각한 죄가 아니면 용인할 것이라고 어디서도 말씀하시지 않았다. 예수님은 "너희가 나를 사랑하면 나의 계명을 지키리라"(요 14:15)고 하셨다.

이 말씀은 은혜로 동기를 얻은 삶을 소개받은 사람들이 듣기에 어려운 말일 수 있다. 우리가 접하는 세속 문화는 은혜를 내가 원하는 대로 뭐든 할 수 있는 허가쯤으로 정의한다. 반대로 교회는 순종을, 성경에 없는 문화 기준(예를 들어, 특정 의상, 오락, 정치, 음료 등을 금하는 것)을 따르는 것으로 정의한다. 그 결과 '은혜 안으로 들어온' 사람들은 가끔 은혜가 그런 율법에서 우리를 해방시켰으므로 우리를 얽어맬 기준이 없다고 생각한다.

우리를 통해 드러나는 그의 사랑 '진정으로' 은혜를 받은 사람이 욕도 좀 하고, 술도 좀 먹고, 아무데서 잠들고, 바보가 아닌 사람을 바보라고 비웃는 사람일지도 모른다. 주권자이신 창조주 하나님은 보잘 것 없는 인간의 입에서 나오는 목소리나 그들에게 들어가는 알코올 때문에 망신을 당할 리 없다고 주장할 수 있다(마 15:16-20).

그러나 하나님은 우리 행위 때문에 영향을 받는 관계에 큰 관심을 갖고 계신다. 그래서 하나님은 자신이 사랑하는 사람들에게 말할 때 경건하고 절약하고, 대인관계에서 깨끗하고, 그의 형상대로 지음 받은 모든 이들을 존중하라고 요구하신다(엡 5:18; 딤후 2:16; 히 13:4).

그리고 다른 사람을 지적할 때 율법주의에 빠지지 않으려면, 은혜가 물질주의, 편애, 냉소, 인종차별, 비방, 지도자 무시, 창조물 무시, 가난한 자 무시, 게으름 등의 핑계거리가 아님을 명심해야 한다(행 17:24; 롬 13:1-5; 고후 12:20; 엡 2:14-22; 살후 3:10; 딤전 2:9; 히 13:5; 약 2:1-17; 요일 4:20). 이런 목록을 통해 우리는 상한 심령이 되어 우리 구주의 은혜가 필요함을 깊이 깨닫고, 값없이 무한히 주시는 은혜에 진심으로 감사하는 사람이 되어야 한다.

오직 그리스도의 은혜만이 우리 소망이다. 그러나 은혜는 우리만을 위해서가 아닌 더 큰 의미를 지닌다. 우리를 죄에서 구원하신 구주의 자비가 얼마나 놀라운가를 알게 되면 그를 기쁘시게 하는 것이 우리 기쁨이 된다. 이것은 우리가 그런 삶을 살도록 하는 가장 큰 자극제가 되어 다른 사람들도 우리를 통해 그의 사랑을 알고 경험하게 한다.

은혜는 그리스도를 본받으라는 부르심이다. 그가 먼저 우리를 사랑하셨기에 우리도 사랑하는 그분을 닮기 때문이다(딛 2:11-14). 우리는 그렇게 삶으로써 그의 이름을 영화롭게 할뿐 아니라, 그가 사랑하는 피조물과 피조 세계도 축복하게 된다. 우리가 하나님의 은혜를 경험할 때 은혜가 우리 마음에서 흘러넘칠 수밖에 없음을 알게 될 것이다.

FINDING HEART CHEMISTRY
IN THE BIBLE

Part 2

모든 성경에서 은혜를 찾다

성경 전체에 은혜가 널려 있다
은혜를 캐내는 훈련이 필요하다

chapter 11
성경 전체에
은혜가 널려 있다

큰 아들 콜린은 고등학교 시절, 돌 수집가가 되어 귀한 돌과 보석을 수집하고 분별하는 법을 배웠다. 하루는 표면은 평범하지만 안쪽에 아름다운 크리스탈이 들어있는 정동석이라는 돌로 유명한 개울에 나를 데리고 갔다.

처음 내 눈에는 아무 특징도 없는 갈색 돌들만 보일 뿐이었다. 그런데 콜린이 정동석을 구별하는 법(모양, 색, 무늬 등)을 가르쳐 주자 몇 개를 찾을 수 있었다. 좀 더 익숙해지자 더 많은 정동석을 찾아낼 수 있었다. 분별하는 기술이 늘어갈수록 더 많이 찾았다. 결국 나는 정동석이 주변에 널려 있음을 깨달았다. 전에도 정동석은 주변에 널려 있었지만 내가 볼 준비가 되지 않았던 것이다.

성경에서 은혜 찾기

지금까지 하나님의 은혜가 그리스도인들이 순종하도록 동기와 능력을 주는 데 얼마나 중요한지를 살폈다. 그렇지만 그 은혜를 어디서 찾을까? 성경에서는 은혜라는 말을 많이 사용하지 않고 예수님도 늘 은혜를 말씀하시지는 않기 때문이다. 게다가 어떤 사람들은 구약에 나타난 하나님의 계시는 신약과 다르며 예수님이 십자가에서 죽기까지는 은혜가 드러나지 않았다고 가르치기까지 한다.

그리스도인들이 순종하는 데 근원이 되는 마음의 화학 반응을 성경 전체에서 찾아내려면, 그리스도의 은혜는 마태복음 마지막 장까지 기다리지 않았음을 보는 법을 배워야 한다. 우리 아들이 가르쳐 주자 알 수 있었던 정동석들처럼 성경 전체에 은혜가 널려 있다. 우리는 그것을 보는 법을 배우기만 하면 된다.

다양한 내용

성경 전체에서 은혜를 찾으려면 모든 곳에서 정확하게 같은 것만 찾으려 해서는 안 된다. 정동석이 긴 시간에 걸쳐 형성되면서 다양한 모양과 크기를 가지게 되듯이, 은혜도 다양한 모양으로 펼쳐진다. 근본 방식은 같지만 은혜가 나타나는 모습은 서로 같은 것이 하나도 없다.

동일한 주제

은혜의 메시지는 그리스도의 사역이 가까워지고, 시작되고, 전개됨에 따라 갈수록 분명해지고 찬란해진다. 스스로를 영적 파멸에서 구하지 못하는 사람들을 구하시는 하나님의 뜻이라는 주제는 성경 초반부에도 나타난다.

예수님의 사역과 메시지는 갑자스럽게 시작되지 않았다. 예수님은 당시의 종교 지도자들에게 "너희가 성경에서 영생을 얻는 줄 생각하고 성경을 연구하거니와 이 성경이 곧 내게 대하여 증언하는 것이니라"(요 5:39; 참조 1:45)라는 말씀으로 이 사실을 분명히 밝히셨다.

예수님은 부활하신 후에도, 엠마오로 가는 제자들에게 이와 비슷한 말씀을 하셨다. 누가는 예수님의 대화를 이렇게 기록한다. "이에 모세와 모든 선지자의 글로 시작하여 모든 성경에 쓴 바 자기에 관한 것을 자세히 설명하시니라"(눅 24:27, 44).

예수님은 모든 성경이 자신을 증거한다고 거듭 말씀하신다. 그래도 "성경이 어떻게 증거하는가?"라는 핵심적인 의문은 여전히 남는다. 성경의 모든 부분이 예수님을 직접적으로 언급하지는 않기 때문이다. 성경에 나오는 대부분의 구절들과 사건들은 예수님을 분명하게 드러내어 언급하지 않는다.

큰 그림

성경의 큰 그림을 기억하면, 모든 성경이 예수님을 증거한다고 하신 말씀이 어떤 의미인지 이해할 수 있다. 흔히 하는 말처럼 "역사(history)는 그의 이야기(his story)이다." 그렇지만 이 예수님의 이야기가 어떻게 과거에서 미래에 걸쳐 펼쳐지는가?

하나님이 인간을 다루시는 모습에 대한 큰 그림을 그려 보는 표준적인 방법은 창조에서 시작하는 것이다. 선한 창조 세상은 아담의 타락으로 무너졌고, 그리스도의 섭리로 구속되었으며, 최후에는 그리스도가 만물을 다스리는 종말로 완성된다. 하나님이 지으신 세상과 사람은 선하게 만들어졌지만 타락했고, 지금은 구속 과정에 있으며, 언젠가 완전하게 될 것이다.

이 창조-타락-구속-완성의 관점이 성경의 모든 사건을 큰 그림으로 보는 데 도움이 된다. 모든 것은 "그의 이야기"가 전개되는 큰 과정에 있다. 그리스도는 이 모든 사건들이 가리키는 주인공이기 때문이다. 그리스도는 만물을 만드셨고(요 1:3; 골 1:16), 모든 것이 잘못되었을 때 약속된 분이며(창 3:15; 행 13:32-33; 롬 16:20), 하나님의 구속(구원) 계획의 정점이며(행 2:23; 26:22-23; 벧전 1:20), 자신이 구속한 모든 자들을 자신의 궁극적 통치로 완전하게 하신다(고전 15:24-28; 계 21:1-8).

위대한 구원

"그의 이야기"의 전체 계획을 보는 외에도, 성경 역사에서 "구원" 계획은 복음서의 십자가 사건이 일어나기 오래 전부터 전개되기 시작했음을 기억해야 한다. 성경은 그리스도의 은혜로운 구원 계획의 여명을 초반부에 드러내고 있다.

무대 설정

아담과 하와가 범죄한 직후 하나님은 그들을 유혹한 자에게 이렇게 말씀하신다.

내가 너로 여자와 원수가 되게 하고
네 후손도 여자의 후손과 원수가 되게 하리니
여자의 후손은 네 머리를 상하게 할 것이요
너는 그의 발꿈치를 상하게 할 것이니라 (창 3:15).

성경학자들은 이 구절을 "원시복음"이라고 한다. 이 말씀은 하나님이 아담의 범죄로 망가진 그의 세상과 백성을 하나님의 섭리로 구속하시겠다는 최초의 약속이다. 하나님은 인간을 통해 한 분을 보내셔서 사탄의 격렬한 공격을 받기는 하겠지만 그를 무너뜨리시겠다고 약속하셨다. 사탄은 오시는 구주의 발꿈치를 상하게 하여 고통스럽게 하겠지만 구주께서는 사탄의 머리를 상하게 하여 그의 세력을 무너뜨릴 것이다.

창세기에 나온 이 구절은 뒤에 나오는 성경의 모든 일을 위한 무대를 세워 준다. 나머지 인간 역사는 바로 이 무대 위에서 이루어진다. 이후에 나오는 성경의 모든 부분은 구속을 배경으로 한다. 그러므로 성경을 신실하게 읽는 우리는 예수님이 모든 본문에서 마술처럼 나타나리라고 기대하지 말고, 이 구속 이야기 가운데 어디에 해당하는지 살펴야 한다.

예수님은 이야기 전체의 정점이요 클라이맥스다. 그러므로 이 이야기는 예수님을 위한 무대이다. 이 무대에서 펼쳐지는 모든 이야기가 예수님과 관련이 있다. 그러므로 무대 위의 모든 사건을 그리스도와 관련하여 파악하지 않으면 제대로 이해할 수 없다.

그의 은혜 찾기

모든 본문을 구속의 맥락(컨텍스트) 안에서 본다는 말은 모든 구절이 어떤 식으로든 예수님을 말하게 한다는 뜻이 아니다. 하나님의 핵심 메시지를 찾아내기 위한 해독기나 컴퓨터 프로그램이 필요하다는 말도 아니다. 하나님의 계획은 아주 명백하다. 매 구절은 하나님의 구속 은혜의 한 측면을 말하고 전체 구속 은혜는 그리스도 안에서 완전하게 표현된다.

은혜는 스스로 은혜를 받지 못하는 사람들을 위해 하나님께서 제공해 주시는 모든 곳에 나타난다. 이렇게 하나님의 은혜가 나타나는 곳 거의 대부분은 그리스도의 구원 사역 전체를 보여 주지 않는다, 다만 그의 자비와 사역의 일부 측면을 보여 주고, 다른 성경들이 더 자세히 나타내 준다.

하나님이 굶주린 자들에게 양식을 주시고, 약한 자들을 강하게 하시고, 고아들에게 가족을 주시고, 믿음이 없는 자들에게 신실함을 주시고, 자격 없는 자들에게 용서를 베푸시는 등 온갖 은혜의 모습을 제공해 주실 때에는 그의 성품과 사랑의 여러 차원들을 계시하시는 것인데, 이는 그의 아들을 주실 때 완전히 구체화된다. 결국 우리는 성경 전체에 걸쳐 전개되는 하나님의 구속 메시지를 그리스도께서 구현하시는 방법을 보면서 그리스도의 정체성과 사역을 이해하게 된다.

이렇게 전개되는 복음의 관점은 성경에서 다양한 방식으로 소통될 수 있다. 많은 본문들은 구체적으로 예수님의 사역을 기술하고, 예언하고, 모형을 보여 준다. 이렇게 명백한 복음 진리를 직설적으로 밝혀 주는 본문들은 충분히 이해할 수 있다. 그러나 더 많은 본문들은 하나님의 은혜의 일부만 드러낸다. 그리하여 예수님에게서 완전히 나타날 그리스도의 사역을 준비하거나 반영하고 있다.

다양한 창들

이런 "복음의 창들"은 다양한 논리적 및 문학적 수단을 통하여 하나님의 은혜로운 속성과 섭리를 드러낸다. 그 예들을 살펴보자.

맥락(컨텍스트) 어떤 성경 본문(텍스트)이 무엇을 말하는지 파악하기 전에 먼저 이 본문이 성경 역사의 어느 곳에 해당하는지 살펴야 한다. 지금 우리는 하나님의 구원 계획 이야기의 초기 혹은 후기에 있는가? 사람들이 거역하는 단계, 하나님이 구원하시는 단계, 혹은 하나님의 은혜가 나타나는 다른 단계에 있는가?

이렇게 맥락을 바로 보면, 당시 하나님의 백성들이 은혜의 어떤 측면을 필요로 했는지 파악할 수 있고, 또 왜 이와 같은 맥락에 이 본문이 들어 있는지 알 수 있다.

만일 이런 맥락을 파악하지 못하면 우리는 "여러분도 삼손처럼 강해지도록 노력해야 합니다"라는 식으로 말할지 모른다. 그러나 사사기 맥락에 담긴 진정한 메시지는 자기 자신의 힘과 지혜를 의지하는 사람은 어려움에 빠지게 되며 오직 하나님만이 그들을 구해 주실 수 있다는 것이다.

주제 거듭되는 주제나 이미지 혹은 하나님의 은혜의 패턴이 나타나면, 우리는 하나님이 자신의 사랑 이야기를 서로 결합하고 묶는 방식을 알고 그 의미를 깨닫고 적절히 반응할 수 있게 된다. 하나님의 구속 사역의 전형적인 주제나 이미지는 신구약 성경 전체에서 잘 전달될 수 있다. 출애굽기에서는 유월절 양의 피를 통해 하나님이 자기 백성을 노예 상태에서 구출하시는데, 그들을 구속하기 위해서는 희생이 필요함을 가르쳐 주시는 것이다. 그래서 신약성경의 기록자들은 자주 유월절 양을 사용하여 그리스도의 정체와 사역을 설명한다.

에덴 동산, 구약의 성전, 다윗 왕 등 구약의 많은 기사들에 나오는 주제와 이미지들은 신약에 반영되어 우리가 예수님을 필요로 하는 이유와 그가 하셔야 할 일을 이해할 수 있게 한다. 그분은 에덴 동산의 평화를 회복하여 우리 죄를 해결하실 것이며, 우리 죄에 마땅한 희생 제물을 제공하여 우리를 그가 원하시는 성전이 되게 하시며, 또 더 나은 다윗 왕이 되어 의와 사랑으로 우리를 돌보실 것이다.

진리 때로 신약은 물론 구약의 기사들도 우리가 복음을 이해하는 데 기초가 되는 교리적 진리들을 밝혀 준다. 예를 들어, 사도 바울은 이신칭의를 아브라함이 하나님을 믿으니 이를 의로 여기셨다는 이야기를 상기시킴으로써 설명한다(창 15:6; 참조. 롬 4:3, 22). 많은 경우 하나님의 은혜에 대한 진리들은 구약의 기사에 심겨지고, 신약의 설명으로 꽃을 피운다.

행위 성경 본문을 구속사적으로 해석하며 읽으면 하나님께서 백성을 보살피실 때 은혜의 특징들을 어떻게 드러내시는지 알 수 있다. 연약한 자들에게 승리를 주시거나, 거역하는 민족을 소중히 여기시거나, 도망하는 선지자를 먹이시거나, 겁 많은 왕을 위로하시거나, 자격 없는 자들을 경고하시거나, 어떤 이들의 회개를 받아 주시는 모든 경우를 비롯하여 인간이 도움이 필요하지만 스스로 해결할 수 없거나 얻을 자격도 없을 때 하나님이 도와주시는 다른 모든 기사를 통해 우리는 그의 구속의 본질에 대해 배우게 된다.

이런 이야기들은 아무 의미 없이 성경에 실린 것이 아니다. 하나님의 은혜를 보여 주어 우리가 은혜를 알고 의지하며, 나아가 그것을 주시는 분을 신뢰하게 하려는 것이다.

약속들 언약과 예측, 예언을 통해 하나님은 우리에게 시간과 지식을 초월하는 사랑을 전해 주신다. 언약을 통해서 하나님은 약속을 지키려 하지도 않고 할 수도 없는 사람들을 보살펴 주실 것을 약속하신다. 예측을 통해서 하나님은 인간의 지혜와 약함을 넘어서는 지식과 능력을 보여 주신다. 예언을 통해서 하나님은 우리의 위기와 실패, 거짓 선지자들에도 불구하고 자신이 신실하심을 입증하신다.

하나님이 미래에도 신실하실 것이라는 이런 모든 면들을 통해서 하나님은 약속을 하시고 성취하심으로 우리가 우리 지혜와 비전, 세상의 한계를 초월하여 하나님을 의지할 수 있게 하신다. 이것도 역시 은혜다.

풍유적 관점

　이런 신실한 방식으로 성경에 펼쳐지는 은혜를 찾는 일은, 구약 성경 모든 페이지에서 예수님을 억지로 찾으려 하던 과거의 방법들과는 다르다. 어떤 해석자들은 모든 성경이 자신에 대해 말한다는 예수님의 말씀을 근거로 구약 성경 본문에서 예수님에 대한 공상적이고 환상적인 말을 만들어 낸다.

　이런 풍유적 해석은 인간의 상상을 크게 의지한다. 예를 들어, 노아의 방주는 나무 십자가를 상징하고, 갈라진 홍해는 십자가에 달린 예수님의 옆구리에서 나온 물을 예표한다는 주장이 있다. 하나님께서 그리스도가 오실 것을 오래 전에 드러내셨음을 보여 주려는 의도는 좋을지 모르지만, 설명 내용은 종종 입증 가능한 하나님의 의도보다는 인간의 창의성에 더 의지하고 있다.

　어떤 사람들은 노아 방주의 나무가 구유의 나무와 목수의 나무, 언약궤, 성전의 나무판, 그리스도가 폭풍을 잠잠케 하실 때 탔던 배를 나타낸다고 말한다. 이런 식이라면 홍해의 갈라진 물은 예수님이 잠잠케 한 바다나, 가나의 혼인 잔치에서 포도주로 만든 물, 예수님이 받는 세례, 혹은 제자들이 준 세례를 나타낸다고 생각할 수도 있다.

　그러나 이런 풍유적 해석의 문제점은 성경적 계시의 지지를 얻지 못한다는 데 있다. 그런 해석은 타당성이 있을 수도 있고 없을 수도 있다. 그러나 어느 쪽이든, 비록 성경 본문을 권위로 내세워도 논리적으로는 다른 가능한 해석들을 대항해 그들의 주장을 확립할 수는 없다.

성경의 안내

만일 특정 사건이나 사물이 예수님과 관련되었다고 신약이 보여 주지 않을 경우, 다른 근거로 억지 해석을 하지 말아야 한다. 동시에 우리는 신약 성경 저자들이 사용하고 본을 보여 주었던 구속적 해석 원리를 배워야 한다.

다음 장에서는 이런 원리들을 배우겠다. 그러면 성경 어느 곳에서든 바른 방법으로 은혜를 발굴해 내어 그리스도인이 신실하게 사는 근원이 되는 마음의 화학 반응을 일으킬 수 있을 것이다. 단순히 우리 해석 기술을 향상시키거나 우리가 좀 더 똑똑하다는 것을 드러내려는 목적이 아니다. 사람들이 변화되도록 실제로 돕는 은혜를 찾아내는 법을 배우는 것이 목적이다. 성경에 나타난 하나님의 사랑의 길이와 너비와 깊이와 높이를 알게 되면, 우리는 하나님을 더욱더 사랑하고 의지하고 찾게 되며, 나아가 다른 사람들도 그렇게 되도록 도울 것이다(엡 3:18).

chapter 12

은혜를
캐내는 훈련이 필요하다

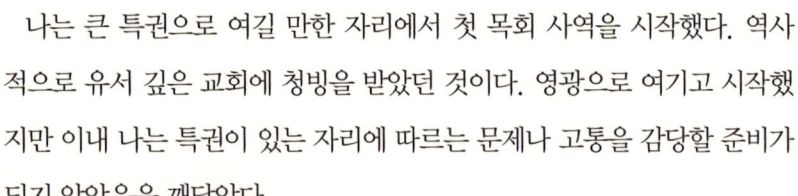

　나는 큰 특권으로 여길 만한 자리에서 첫 목회 사역을 시작했다. 역사적으로 유서 깊은 교회에 청빙을 받았던 것이다. 영광으로 여기고 시작했지만 이내 나는 특권이 있는 자리에 따르는 문제나 고통을 감당할 준비가 되지 않았음을 깨달았다.
　그 교회는 광업과 농업 지역에 있었는데 경제적 문제에 시달리고 있었다. 광산은 문을 닫는 단계에 있었고 농장들도 죽어 가고 있었다. 그러나 죄는 그렇지 않았다. 일자리와 수입이 줄어들자 가정에 주는 충격이 이루 말할 수 없이 커졌다. 약물 중독, 알코올 의존, 혼음, 학대, 이혼, 우울증 등이 곳곳에서 삶을 위협했다.
　나는 내가 해법을 알고 있다고 생각했다. 나는 하나님 말씀이 잘못된 것을 의지하는 죄와 행동, 우울증으로 고생하는 사람들을 고친다고 계속 가르쳐 왔다. 그래서 그런 문제를 다룬 성경 말씀을 보여 주면서 중단하라고 설교했다.

성경 본문을 명확하게 설명해 주면서 "여러분이 알다시피 성경은 여러분이 지금 하고 있는 행위를 죄라고 합니다. 그러니 중단하십시오"라고 호통을 쳤다. 너무 자주 반복되자 내가 더 이상 견딜 수가 없었다. 그래서 어느 날 아내에게 이렇게 말했다. "더 이상 이렇게 할 수 없어요. 사람들에게 상처를 주려고 신학교에 다닌 게 아니야. 그런데도 난 매주일 강단에 서서 사람들에게 상처를 주고 있어."

나는 그 교회를 떠날 준비를 하기 시작했다. 그때 주님께서 은혜로 개입하셨다. 누구를 통해서였는지 기억나지 않지만, 주님께서 한 권의 책을 보내 주셨던 것이다. 그 책은 오랜 논쟁[6]을 다룬 책이었다.

성경의 영웅들

논쟁은 성경 영웅들을 가르치는 방법에 관한 것이었다. 우리는 "그들은 훌륭한 사람들이었다. 그러므로 여러분도 훌륭한 사람이 되어야 한다"라고 말하는가? 아니면 거의 모든 인간이 가진 약점들을 정직하게 인정하는가?

다윗이 골리앗과 싸워 이긴 이야기는 해 주고, 밧세바를 범한 죄나 그 남편을 죽인 죄, 혹은 다윗의 자녀들이 일으킨 반란은 쉬쉬하는 일이 정직한가? 만일 다윗이 잘할 때처럼 하라고 사람들에게 가르친다면, 성경이 다윗에 대해 가르치려고 하는 모두를 가르치고 있는가?

진정한 한 영웅

이런 논쟁을 제기하는 요지는 성경에는 오직 한 분의 영웅만 있기 때문이다. 그분의 이름은 예수님이다. 그 외의 모든 사람들은 분명한 인간이다. 죄와 허물이 있어서 하나님의 도우심이 있어야만 신실할 수 있고 탁월한 삶을 살 수 있는 인간이다.

이들의 아름답지 못한 행위를 용서하여 주고 영웅 행위를 할 수 있게 해 준 하나님 은혜를 무시하고 영웅이라고 내세우면 어떻게 될까? 그것은 성경의 메시지를 왜곡하는 일이다. 하나님은 신약 시대가 이르기 전에도 그의 은혜를 보여 주셨다. 성경 전체를 통하여, 다윗과 아브라함, 사도들을 비롯한 수많은 문제 있는 사람들을 구원하심으로 그의 구원의 은혜를 보여 주셨다.

나에게는 오랫동안 이 메시지가 보이지 않았다. 내가 성경을 읽는 주된 목적은 성경이 가르치는 선한 행위와 바른 교리를 확인하기 위함이었다. 부적절한 일이나 부족한 역량을 덮어 주는 은혜를 찾는 일은 내 관심사가 아니었다. 은혜가 나에게 신호를 보내기 시작했을 때 비로소 나는 인간의 약점들을 간과하고 읽던 방식을 바꾸게 되었다. 그리고 나의 설교에 근본적인 변화가 일어나기 시작했다.

나 같은 사람도

나는 하나님의 백성들을 향해 "중단하시오"라는 메시지를 거듭하는 대신 성경에 동일하게 있지만 훨씬 더 유익한 메시지를 깨달았다. 나는 성경의 진실을 바탕으로 "만일 하나님이 다윗(그리고 성경에 나오는 수많은 다른 사람들)처럼 엉망인 사람들도 사용하셨다면, 여러분과 나같이 엉망인 사람들도 사용하실 수 있습니다"라고 말할 수 있게 되었다.

그 은혜의 메시지는 나의 설교를 듣는 사람들뿐 아니라 나에게도 동일하게 필요했다. 나는 이십대를 넘기기도 전에 실패자라는 생각을 가지고 있었다. 어린 나이에 역사적인 교회를 인도하는 특권을 얻었지만 그 일이 나를 무너뜨렸다. 그래서 누구보다도 나에게 새로운 소망이 필요했다. 그러다가 성경에 가득한 은혜가 보이기 시작하면서, 하나님이 지금도 나를 향해 목적을 갖고 계시다고 믿기 시작했다.

삶을 위한 에너지

내가 그 은혜를 선포하자 하나님의 백성들은 내가 강단에서 나누기 시작한 그 소망을 붙들기 시작했다. 성령께서 그의 뜻대로 말씀을 축복하셨다. 낙심이 퍼져 있던 교회에 놀라운 기쁨이 들어오기 시작했다. 그리고 그 기쁨과 함께 하나님의 말씀과 길에 대한 열심이 생겨났다.

나는 교인들에게 성경에 근거한 소망을 알려 주는 일이 훈계 이상으로 중요함을 깨닫기 시작했다. 그리고 모든 성경은 은혜를 통해 이 소망을 주기 위한 것임도 이해하게 되었다(롬 15:4).

물론 이 은혜는 그리스도와 그분의 사역에서 절정에 이른다. 이 책의 앞부분에서 다룬 바와 같이 이 은혜는 그리스도인의 삶에 동기와 능력을 준다. 성경 전체를 통해 은혜를 드러낸다고 해서 그리스도인의 책임과 교리를 소홀히 하게 되지 않는다. 오히려 더 에너지를 준다.

정직하게 은혜를 찾을 것

이제 중요한 문제는 성경의 각 본문이 의도하는 메시지를 손상시키지 않고 어떻게 이 에너지를 파내느냐는 것이다. 당신이 목사, 교회 학교 교사, 상담자, 부모, 친구 등의 위치에서 다른 사람을 섬길 경우, 성령께서 영감을 주지 않는 의미를 더하지 않고 오직 성경이 말하는 것을 가르쳐 주기 원할 것이다. (이 장의 나머지 부분에서는 각 종류의 성경 본문에서 은혜를 발굴해 내기 위한 생각의 토대를 제공할 것이다. 이 부분이 어렵다고 생각되면 다음 장으로 넘어가도 된다. 다음 장에 요약을 했으니 참조하면 된다.)

다른 점을 찾으라

어떻게 하면 억지로 하지 않고 본문에서 은혜를 찾을 수 있을까? 첫째, 앞 장에서 언급한 것처럼 모든 본문이 동일한 방식으로 은혜를 드러내지는 않음을 기억해야 한다.

때로 성경은 예언으로 그 진리를 계시하지만 시와 잠언과 역사와 서신을 통해서도 우리를 가르친다. 그러므로 다양한 유형의 성경에서 은혜의 메시지를 찾으려면 다양한 접근법을 사용해야 한다. 그러나 이 다양한 접근법에도 공통점이 있다.

문제점을 질문하라

앞에서 이미 모든 성경은 하나님이 자기 백성을 타락한 세상에서 구속하기 위한 계획의 맥락 안에서 쓰였다고 이야기했다. 그러므로 우리는 어떤 본문이든 구속사적으로 생각하기 시작해야 한다. 그래서 "여기서 문제점은 무엇인가?" 혹은 "성령께서 다루시는 인간의 문제는 무엇인가?"라고 질문을 해야 한다.

본문이 우리가 알거나 행해야 할 선한 일만을 기술할 때도 "왜 우리에게 이런 지침이 필요할까? 우리에게 어떤 문제가 있기에 하나님께서 이렇게 기본적인 것을 기억하라고 하실까?"라는 질문을 해야 한다.

우리의 타락한 상태에 초점을 맞추면, 하나님이 우리를 구하고 회복시키기 위해 반드시 제공해야 하는 은혜를 찾을 수 있다. 근본적으로 우리가 빠져 있는 구덩이를 알게 되면(다른 곳에서 나는 이것을 타락 상태 초점이라고 부른다), 하나님이 우리를 구출하시기 위해 제공하시는 사닥다리를 받아들이게 된다.[7]

우리의 이해를 위한 사닥다리

우리가 하나님의 은혜의 사닥다리를 붙들기 위해서는 이 사닥다리가 다양한 방법으로 내려온다는 사실을 알아야 한다. 하나님 말씀의 다양한 측면들은 그리스도의 정체성과 사역을 예견하거나, 준비시키거나, 그 결과로 비롯되거나 반영하고 있다.

복음을 설명하는 이 네 가지 범주는 완전한 것은 아니다. 은혜를 찾는

다른 좋은 방법도 있다. 그리고 이 네 범주를 엄격하게 구분해야 한다고 생각하지 않는 것이 좋다. 이것들은 모든 성경이 그리스도의 본성 혹은 사역을 나타내고 있음을 설명하는 데 도움이 되는 도구일 뿐이다.

예견의 사닥다리

일부 본문들(예언이나 메시아 시편 등)은 그리스도가 누구이시며 어떤 일을 하실지에 대해 분명하게 예견한다. 이사야는 메시야에 대해 이렇게 썼다.

그의 이름은
기묘자라, 모사라,
전능하신 하나님이라, 영존하시는 아버지라,
평강의 왕이라 할 것임이라
그 정사와 평강의 더함이 무궁하며(사 9:6-7).

스가랴는 우리 왕이 언젠가 오시되 "겸손하여서 나귀를 타실 것"(슥 9:9)이라고 하였다.

이런 말씀들은 예수님의 정체성과 사역에 대한 예견이다. 이 외에도 예수님의 초림과 재림에 관한 말씀도 많이 있다. 이런 본문을 읽거나 가르칠 때 우리 구원은 하나님의 섭리를 통해 오지 우리 자신의 노력을 통해 이루어지지 않음을 이해해야 한다. 이것은 선지자들이 여러 가지 방법으로 나타내는 은혜의 본질이다.

준비의 사닥다리

다른 본문들은 궁극적으로 하나님께서 그리스도를 통해 그의 백성들에게 제공하시는 은혜를 이해할 수 있도록 그들을 준비시킨다. 예를 들어 하나님께서 다윗을 선택하신 이유는, 언약 백성을 위한 그의 법칙을 나타내기 위함이었다. 하나님이 다윗 왕을 사용하여 사울의 절름발이 손자에게 나타내는 자비를 보고 우리는 그리스도 안에서 드러날 하나님의 은혜로운 성품을 이해하게 된다.

이스라엘 왕은 하나님을 섬기고 대표하는 자들로 적에게 자비를 베풀고 곤경에 처한 자들을 돕는다. 이런 이야기에서 예수님을 발견할 수 있는 '비밀 암호'가 있어야 할 필요는 없다. 다만 다윗 계보의 미래의 왕이신 우리 주님의 은혜로운 성품을 이해할 수 있으면 된다.

이해의 다리 구약에서 많은 본문이 하나님의 백성들이 섭리의 은혜를 이해하도록 준비시키기도 하지만, 자신들의 필요를 이해하도록 준비시키기도 한다. 예를 들어, 바울은 갈라디아서 3장 24절에서 율법은 우리를 그리스도에게로 인도하는 초등교사라고 한다.

하나님 법의 높고 거룩한 기준은 우리가 행위로 하나님께 받아들여질 수 있다는 기대를 무너뜨린다. 이 법들은 올바른 도덕 행위를 가르치기도 하지만 동시에 우리가 그의 자비를 구하도록 준비시키기도 한다. 이렇게 은혜를 찾게 하는 방식은 모세의 십계명뿐 아니라 예수님의 산상수훈과 선지자들 및 사도들이 가르치는 모든 거룩의 기준에 드러난다.

구약의 제사 제도도 우리가 피흘림이 없는 죄 사함이 없음을 이해하도록 준비시켜 준다(히 9:22). 아브라함의 믿음이 의로 여기신 바 되었으므로, 우리가 하나님 앞에 서는 것도 우리 믿음으로 가능함을 이해할 준비가 된다(롬 4:23-24). 이 모두가 성경이 우리 마음을 준비시켜 하나님의 옛 섭리를 현재의 은혜와 연결해 이해할 수 있도록 준비시키는 많은 방법들 가운데 일부에 불과하다.

막다른 길 표시 신약의 은혜로 연결되는 구약의 다리들 외에도, 하나님은 우리에게 피해야 할 막다른 길을 보여 주셔서 우리가 그리스도의 사역을 이해할 수 있도록 준비시키신다.

구약의 사람들이 거짓 선지자와 방탕한 제사장, 그릇된 왕을 통하여 거듭거듭 그릇된 길로 가는 것을 보며 우리는 그들보다 더 나은 선지자, 제사장, 왕이 필요함을 배우게 된다.

허황된 사사들과 법을 어기는 백성들과 흠 많은 지도자들로 점철된 구약의 역사는 은혜를 획득하는 영웅주의를 가르치는 것이 아니다. 오히려 은혜는 더 나은 사사, 완벽한 법 준수자, 유일하게 흠 없는 영웅을 통해서 와야 한다고 가르친다.

성경에 나오는 엉망진창인 사람들은 실수로 거기에 있는 것이 아니다. 그들의 이야기는 자기를 의지하는 것이 막다른 길임을 경고하는 은혜로운 도로 안내판이다.

은혜는 뚜껑을 열면 용수철에 달린 인형이 튀어나오는 장난감 상자처럼 신약에서 갑자기 튀어나오지 않는다. 하나님은 그의 백성들이 그리스도의 은혜를 이해하고 받아들일 수 있도록 오랫동안 준비시켜 오셨다. 우리는 이들이 가르치는 선한 행위를 찾아낼 뿐 아니라, 영웅들을 있게 만드시고, 부족한 사람들을 위해서는 한 구속자를 예비하신 하나님을 찾아내야 한다. 그래야 비로소 이런 준비 본문들을 올바로 이해하고 가르칠 수 있다. 그러므로 다리는 물론 막다른 길 표시를 찾아내는 것도 하나님이 그의 백성들을 위해 의도하신 은혜의 길을 준비하는 중요한 일이다.

결과의 사닥다리

하나님의 구속 메시지는 우리를 위한 그리스도의 사역의 결과를 말하는 본문들에도 나타난다. 그리스도의 대속 사역과 성령의 내주하심의 결과 우리는 의롭다 하심과 거룩하게 하심과 양자 됨과 영화롭게 하심을 받았다. 또 제사장 되신 그리스도께서 중보하신 결과로 우리 기도가 응답을 받는다. 그리스도와 연합한 결과로 우리 의지가 변화된다. 이처럼 구원의 모든 단계를 하나님이 은혜로 예비해 주신 결과 우리는 하나님을 경배한다.

행위 이전의 예비하심 우리의 신분과 행위가 은혜에서 비롯된 결과임을 이해하고 성경을 읽으면 두 가지 일이 일어난다. (1)그리스도 없이는 우리가 아무것도 할 수 없음을 기억하게 된다. (2)우리의 정체성과 하나님의 명령 사이의 순서를 바로 잡게 된다(이것은 3, 4장에서 다루었다).

만일 특정 본문에서 우리가 얻는 메시지가 그리스도인은 더 많이 알고 더 잘 행동해야 한다는 말뿐이라면, 그 본문은 성경 전체의 더 넓은 맥락에서 만들어진 요점을 놓치게 된다. 다른 종교는 모두 사람이 스스로 자신의 몸이나 마음을 훈련하여 신에게로 나아가야 한다고 가르친다. 그러나 기독교는 하나님이 그의 아들을 주심으로 인간에게 내려와서 자신에게로 데리고 가신다. 오직 하나님을 믿는 신앙을 통해서 하나님은 우리를 그분과 연합시키시는 것이다.

감사에서 나오는 결과들 은혜가 없는 메시지는 우리를 하나님의 섭리에 대한 소망에서 떠나 우리 인간이 만들어 낼 수 있는 인간적 자원에 의지하게 만든다. 은혜가 깃든 메시지는 감사하는 마음과 함께 하나님을 기쁘시게 하고 싶은 소원을 만들어 낸다. 그리고 이런 우선순위로 채워진 마음은 우리의 부활하신 주님께서 그의 내주하시는 성령과 은사를 통해 제공하시는 영적 자원을 동원할 동기를 가지게 된다(엡 4:8-12; 골 3:15-16).

사도들이 초대 교회에 서신을 쓸 때에는, 전형적으로 하나님이 그리스도의 사역을 통해 예비하신 은혜에 대한 교리적 설명으로 시작했다. 그리고 서신의 두 번째 부분에서는 하나님이 예비하신 것의 결과인 영적 도덕적 의무들에 대해 말한다. 이런 패턴은 하나님의 은혜가 없으면 순종이 불가능할 뿐 아니라, 진정한 순종은 하나님이 은혜로 예비해 주심으로 가능하게 된다는 것을 상기시켜 준다(엡 2:8-10).

은혜에 대한 반응 우리는 오직 하나님의 은혜로 그의 영원한 가족이 된다. 천국에 들어갈 권리를 획득하는 것이 아니라 특권을 허락받는다. 우리는 은혜로 용서를 받고, 하나님 나라의 왕의 자녀라는 정체성을 얻는다. 하나님을 영화롭게 하고 그의 명령에 순종하는 삶은 그가 주시는 정체성에 기초하지, 우리의 행위로 획득하는 신분에 기초하지 않는다.

그러므로 성경의 명령에 순종하라고 가르칠 때는, 그것이 하나님의 은혜에 대한 우리 반응이지, 은혜를 주장하기 위한 수단이 아님을 분명히 해야 한다.

안에서부터 변화되는 정체성 은혜 없이 성경의 명령만 소개하여 우리 정체성이 행위에 기초한다고 가르치거나 암시해서는 안 된다. 우리의 '행위'는 우리가 하나님의 사랑받는 자녀이기 때문이지, 그의 자녀가 되기 위한 것이 아니다(엡 5:1).

하나님은 그를 위해 살기 원하는 의지와 능력을 은혜로 주심으로써 우리를 안에서부터 변화시키신다. 하나님은 우리 행위 때문에 우리를 사랑하시는 것이 아니다. 우리는 우리 행위에도 불구하고 우리를 사랑하시는 분을 사랑하기 때문에 그가 사랑하시는 일을 행한다. 우리가 그분을 실망시킬지라도 그분은 우리를 결코 버리지 않기 때문에, 우리는 그를 실망키지 않으려고 한다(히 13:5).

반영의 사닥다리

은혜가 그리스도에서 정점에 이르는 성경 메시지를 이해하는 열쇠이기 때문에 그의 복음의 여러 면들이 성경 전체에 반영되어 있다.

두 가지 핵심 질문 어떤 본문이 분명하게 예견하지 않을 경우, 혹은 그리스도의 정체나 사역의 결과가 아닐 경우, 그 본문에 반영되어 있는 구속의 진리는 반드시 다음 두 가지 질문으로 분별할 수 있다.

1. 이 본문은 구속을 제공하시는 하나님의 본성에 대해 어떤 것을 반영하고 있는가?
2. 이 본문은 구속을 필요로 하는 인간의 본성에 대해 어떤 것을 반영하고 있는가?

본질적으로 (1)이 본문은 하나님에 대해 무엇을 말하고 있는가? (2)이 본문은 나에 대해 무엇을 말하고 있는가? 이 두 가지를 묻는다. 이를 위해 큰 비약적 상상을 하거나 신약의 관점을 부적절하게 구약에 부과하지 않아도 된다. 그렇지만 이 간단한 질문은 우리가 모든 본문에서 비치는 복음의 진리를 보게 하는 렌즈와 같다.

이런 질문을 하지만 "여기에서 예수님을 상징하는 것은 무엇인가?", "여기에는 그리스도의 삶 가운데 어떤 사건이 들어 있는가?", "이 구약 본문을 바르게 해석하기 위해 신약의 어떤 개념을 도입해야 하는가?" 등의 질문은 하지 않는다.

단순히 "이 본문은 하나님과 나에 대해 무엇을 가르치는가?"라고 질문함으로써 하나님과 우리의 본성에 대해 드러난 것을 발견할 수 있다. 그것은 하나님이 우리를 그와 연합시키지 않으면 우리를 분리시키는 것이며, 우리에게 필요하지만 오직 그분만이 주실 수 있는 것이다.

"도적질하지 말라"(출 20:15)라는 명령에서 내가 궁극적으로 발견하는 것은, 하나님은 거룩하신 분이고 나는 그의 용서와 배려가 필요한 도둑이라는 사실이다. 항상 하나님을 찬양하라는 시편에서 내가 배우는 것은 그분은 찬양받기에 합당하신 분이며 나는 그분이 내 마음을 이끌어 주시지 않으면 찬양하기 어려운 사람이라는 사실이다.

이런 섭리는 본문에 구체적으로 명시되어 있을 수도 있고, 하나님의 도우심을 필요로 하는 인간의 곤경을 찾아냄으로써 분별할 수도 있다. 어떤 경우든 결과는 같다. 이 렌즈는 우리에게 필요하지만 스스로 해결할 수 없는 은혜를 오직 하나님만이 공급하신다는 사실을 볼 수 있게 해 준다. 예수님을 직접 언급하지 않은 경우에도(거의 모든 경우 그렇다) 본문은 구속주께서 공급해 주셔야만 하는 은혜를 이해하는 데로 우리를 이끌어 간다(행 20:24; 고전 2:2; 갈 3:24).

복음 안경 이 렌즈들(두 가지 핵심 질문)과 함께 복음 안경의 기능이 전개되는 은혜에 대한 기본적 진리들을 우리가 볼 수 있도록 돕는다(예를 들어, 하나님은 거룩하시지만 우리는 거룩하지 못한 사실이나, 하나님은 주권자이시지만 우리는 취약하다는 사실, 하나님은 자비로우시지만 우리는 그의 자비를 필요로 한다는 사실 등). 이런 독해의 안경이 늘 우리의 죄와 무능함을 해결해 주는 하나님의 은혜가 필요함을 인식하게 해 준다.

신구약 전체를 볼 때 늘 이런 안경을 사용함으로써, 우리는 하나님의 은혜로운 속성, 즉 약한 자에게 힘을 주시고 지친 자에게 쉼을 주시고 불순종한 자에게 회복의 기회를 주시고 신실하지 못한 자에게 신실함을 주시고 굶주린 자에게 먹을 것을 주시고 죄인에게 구원을 주시는 일 등을 통하여 구속을 제공하시는 하나님을 속성을 볼 수 있다(11장 참조). 인간이 스스로 해결할 수 없는 것을 공급해 주시는 하나님을 볼 때 성경 기록에서 은혜가 찬란하게 빛난다.

또 우리 렌즈를 통해 성경의 영웅들이 실패하고, 족장들이 거짓말을 하고, 왕이 넘어지고, 선지자가 겁을 먹고, 제자들이 의심하며, 언약 백성들이 우상 숭배자가 되는 것을 볼 때 우리는 인간이 구속을 필요로 함을 배운다.

이처럼 복음 안경은 성경의 인물들을 우리가 본받아야 할 도덕적 영웅으로만 보지 않도록 해 준다. 오히려 우리는 성령께서 의도하신 대로 그들도 우리처럼 하나님의 은혜가 필요한 흠 있는 사람으로 보게 한다.

구속의 맥락에서 보면 모든 본문에 하나님의 은혜를 필요로 하는 타락한 인간의 상태가 반영되어 있음을 알 수 있다. 이처럼 타락한 상태에 초점을 맞추면 반드시 이에 동반되고 있는 하나님의 은혜를 생각하게 된다. 그러면 기쁨이 충만해지고 우리는 힘을 얻는다(느 8:10).

은혜 안에 사는 법

우리 안에 하나님을 향한 사랑이 자라나는 토양은 우리를 향한 하나님의 사랑이므로, 모든 성경에서 그의 은혜를 찾는 일은 단순히 멋지거나 고상한 일의 수준이 아니다. 정기적으로 은혜를 접할 때 하나님을 향한 사랑이 불타게 된다. 그래서 이것은 하나님의 가장 큰 계명이요 우리의 가장 큰 동기이다(마 22:37-38; 고후 5:14).

우리가 성경 전체에 퍼져 있는 은혜를 찾는 것은 구주를 위한 우리 열심에 부채질을 하기 위함이다. 단순히 해석을 잘 하기 위해서가 아니라, 하나님을 향한 깊은 사랑을 북돋우는 것이 목표다. 거기서 거룩한 열매가

맺히기 때문이다. 우리가 사랑하는 그분을 다른 모든 것보다 더 영화롭게 하는 일이 우리의 가장 큰 즐거움이며, 또한 가장 큰 동기요 능력이다(느 8:10; 고전 10:31).

ANSWERING HEART
CHEMISTRY'S KEY QUESTIONS

Part 3

은혜에 대한 궁금증

성경의 모든 장에서 은혜를 찾는 쉬운 방법이 있을까요?
어떻게 율법주의를 피할 수 있을까요?
율법과 은혜 사이에 균형을 어떻게 잡을까요?
은혜에 대해 무엇을 적용할까요? 어디서 적용할까요?
은혜를 왜 적용해야 할까요? 어떻게 적용할까요?
'사랑'만이 성경적으로 유일한 동기인가요?
'두려움'은 어떻게 이해해야 할까요?
'지옥'의 메시지는 은혜와 상반되지 않나요?
이후에 짓는 죄는 어떤 영향을 미치나요?

chapter 13

성경의 모든 장에서 은혜를 찾는 쉬운 방법이 있을까요?

앞 장에서는 성경 전체에서 은혜를 캐내는 방법을 다루었다. 설명이 길어지고 다소 복잡해진 이유는 성경 본문의 깊이와 다양성을 바르게 다루어야 했기 때문이다. 때로는 좀 더 정밀한 도구들이 필요할 수도 있겠지만, 간단한 방법을 소개하여 가능한 한 늘 은혜를 발견하게 하고 싶다. 일부는 앞 장에서 다룬 내용을 다시 다루어 독자들이 성경 본문에 들어 있는 은혜를 더 쉽게 찾도록 하겠다.

복음 안경을 쓰라

성경의 본문을 읽을 때는 반드시 복음 안경을 써야 한다. 그것은 다음 두 가지 질문으로 된 렌즈를 통하여 본문을 바라보는 것을 의미한다.

(1) 이 본문은 구원을 주시는 하나님의 본성에 대해 무엇을 말하는가?

(2) 이 본문은 구원을 필요로 하는 인간의 본성에 대해 무엇을 말하는가?

간단히 말해 "이 본문은 하나님에 대해 무엇을 말하는가?"와 "이 본문은 나에 대해 무엇을 말하는가?"라고 묻는다. 이 질문은 그리 어렵지 않을 것이다.

그러나 이런 질문을 할 때 어떤 대답을 기대하는지 아는 것은 중요하다. 옛 속담에 "사과를 찾고자 하는데 오렌지를 발견하진 않을 것이다"라는 말대로 우리가 은혜를 찾으려 하면 은혜를 발견하게 되어 있다.

격차를 찾으라

본문에서 깊은 신학적 의미를 찾기 원한다면, 당신의 새로운 안경을 포기하는 것이 좋다. 그 대신 하나님의 본성과 우리 본성의 격차를 찾으면 된다. 이것이 훨씬 찾기가 쉽다. 만일 하나님의 본성을 찾으려 한다면, 본문에서 하나님을 거룩하고 의로우시고 선한 분으로 보여 주는 것을 금세 발견할 수 있다. 동시에 우리는 그렇지 못함을 발견할 것이다. 하나님이 우리 마음속에서 역사하시기 전까지는 말이다.

그러나 복음 안경이 하나님의 거룩하심과 우리의 거룩하지 못함 사이의 격차만을 보여 주는 것은 아니다. 하나님이 이 격차를 해소하기 위해 하시는 일도 보여 준다.

본문에서 하나님은 어떠한 방법을 사용해 그 격차를 해결하신다. 하나님은 필요한 자원과 해결책, 계시, 구조 활동을 제공하심으로 그의 은혜를 보여 주시는 영웅이시다. 그는 인간이 필요로 하지만 스스로 해결하지 못하는 것을 제공하신다. 그것이 은혜다!

영웅을 보라

대부분 우리는 본문에서 "하나님이 구원을 위해 어떻게 하셨는가?"라는 질문을 함으로써 은혜를 찾을 수 있다. 하나님이 어떻게 하여 궁극적인 영웅이 되셨는가를 설명할 수 있으면 그 본문에 있는 은혜를 찾을 수 있다.

인간 영웅이 있지만, 그들이 영웅이 될 수 있었던 것은 하나님의 은혜가 주어진 결과임을 분명히 해야 한다. 그들의 자원과 지혜, 용기, 기회, 결심 등은 모두 하나님께서 주신 것이다. 인간 영웅도 영웅이라는 사실을 부정할 필요는 없지만, 그들이 인간이라는 사실을 잊어서는 안 된다. 하나님의 은혜가 없으면 그들은 아무것도 할 수 없다(요 15:5).

이런 식으로 은혜를 찾는 일은 우선 예수님의 삶과 죽음, 부활을 완전히 드러내면서 항상 은혜를 볼 수 있는 게 아님을 의미한다. 성경은 은혜의 메시지를 오랜 기간에 걸쳐서 전개한다. 이 메시지는 구약에서 완전히 드러나지 않는다. 그리스도에게서 절정에 이르도록 준비한다. 성경이 전개됨에 따라 하나님의 은혜가 점점 더 많이 드러나서, 마침내 예수님이 나타나실 때에 우리는 은혜의 본질과 역사를 이해할 수 있게 된다.

깜박이는 불빛을 찾으라

이 말은 은혜가 구약의 많은 본문에서 깜박이다가 신약에 와서 환하게 비칠 수 있음을 의미한다. 하나님은 약한 자를 강하게 하시고, 주린 자에게 먹을 것을 주시며, 지친 자에게 쉼을 주시고, 얽매인 자에게 자유를 주시고, 포로된 자를 돌아오게 하시며, 신실함이 없는 자에게 신실함을 주시고, 잘 잊는 자에게 말씀을 주시며, 사랑받을 자격이 없는 자에게 사랑을 주시며, 죄인에게 용서를 주시며, 인간 스스로 얻을 수 없는 온갖 축복을 주신다. 그럴 때마다 우리는 예수님에게서 완전한 영광이 도달하는 은혜에 대해 배우게 된다.

성경 전체에서 이런 식으로 펼쳐지는 은혜를 보면, 풍유적으로 그리스도나 십자가와 연관시켜서 은혜를 만들어 내려는 시도를 하지 않게 된다. 노아 방주의 나무는 그리스도의 십자가를 나타낸다거나 홍해 물이 변화되어 성찬식 포도주가 된다는 식의 풍유적 해석은 올바른 성경 원리보다 우리 상상력을 더 많이 의지한다.

의도가 선하다고 해서 잘못된 해석을 정당화할 수 없다. 성경은 이런 결론을 지지하지 않는다. 그러나 이런 기사에는 하나님이 노아와 이스라엘을 구하신 것이 그의 은혜로운 본성을 나타내는 것임을 설명할 수 있는 좋은 방법이 있다. 복음 안경을 끼고 거기에 있는 단순한 은혜를 찾는다면, 성경을 하나님이 의도하신 대로 해석할 수 있다.

맥락(컨텍스트)을 보라

본문에 은혜가 언급되어 있지 않으면 어떻게 할 것인가? 본문이 단순히 명령이거나 해야 할 일의 목록만 길게 나열했다면 어떻게 해야 할까? 시편 150편(하나님을 찬양하는 법)이나 십계명(온갖 하지 말아야 할 일), 혹은 로마서 12장 9-21절(온갖 해야 할 일) 같은 본문을 생각해 보자.

여기서는 두 가지 방법이 있다. (1)영적 배경 속에서 은혜를 찾는다. (2) 역사적 혹은 문학적 맥락 안에서 은혜를 찾는다.

영적 배경

본문에서 '왜'라는 이유를 질문함으로써 영적 배경을 발견할 수 있다. 만일 "호흡이 있는 자마다 여호와를 찬양할지어다"(시 150:6)와 같은 명령이 있다면, "왜 하나님께서 이 명령을 하셨는가?"라는 질문을 하면 된다. 우리에게 정보를 주려고 이런 지시가 필요했다는 것은 대답이 될 수 없다. 하나님은 우리가 그의 명령을 따르기 원하신다.

하나님이 이 명령을 주셔야 하고, 설명하셔야 하고, 반복해서 기억하게 하셔야 한다는 사실은 우리가 예배하려면 도움이 필요함을 보여 준다. 하나님은 예배 받으시기에 합당하다. 그러나 우리는 합당하게 예배드리는 일이 거의 없다. 격차가 있는 것이다. 그러나 하나님께서 우리가 어떻게 예배할 수 있고 또 예배해야 마땅한지를 가르쳐 주심으로써 은혜로 그 격차를 해결해 주신다. 하나님은 우리가 당황하고 방황하게 내버려 두지 않으신다. 우리를 이끌어서 우리가 하나님을 영화롭게 하고 우리에게는 축복이 되는 예배를 할 수 있도록 도와주신다. 그것도 은혜이다.

역사적 맥락

본문에 나오는 명령에서 역사적 맥락을 살펴보면 은혜가 드러날 수도 있다. 출애굽기 20장 1-7절(십계명) 같은 본문에서 하나님은 자기 백성들에게 순종이 구원의 결과임을 상기시키신다. 하나님은 명령을 주시기 전에 "나는 너를 애굽 땅, 종 되었던 집에서 인도하여 낸 네 하나님 여호와니라"(출 20:2)라고 상기시키신다.

이 말씀이 은혜로운 이유는 무엇인가? 하나님의 말씀과 행위의 순서를 생각하면 그 대답이 분명해진다. 하나님은 "너희는 내게 순종하라. 그러면 내가 너희를 노예 상태에서 구출해 주겠다"라고 말씀하시지 않으셨다. 하나님은 백성들의 행위를 사랑의 전제 조건으로 삼지 않으셨다. 하나님이 먼저 그들을 위해 행하신 후에 그들이 순종의 행위를 하는 것이다. 하나님의 말씀은 이 상황에서 그가 행하신 역사를 반영하고 있다. 하나님의 사랑이 그의 명령 이전에 있었다. 그리고 그의 백성의 신실함을 넘어서 계속되었다.

명령이 일어난 역사적 맥락은 하나님의 은혜로운 본성을 드러낸다. 그러므로 명령과 함께 설명해 주어야 한다. 그렇지 않으면 사람들은 그들이 순종했기 때문에 하나님이 은혜를 베푸신다고 생각한다. 이처럼 하나님의 구속 사역의 맥락 안에서 명령이 나오는 형태가 이곳은 물론 성경의 많은 역사적 본문에 있다.

문학적 맥락

본문의 문학적 맥락 안에서도 은혜가 드러날 수 있다. 예를 들어, 로마서 12장 9-21절은 신자들에게 여러 가지 명령을 내린다. 그러나 이 서신은 로마 교회에 대한 역사적 정보를 많이 기술하지 않았다. 서신에는 하나님이 예수 그리스도의 사역을 통하여 자기 백성을 구속하기 위해 하신 일에 대한 상세한 설명이 담겨 있다. 그리고 이 명령들은 하나님의 구속의 은혜를 설명한 장들에 이어 나온다. 이 서신은 우리 순종이 하나님의 값없이 주신 은총에 대한 사랑의 반응이 되게 하려는 목적으로 쓰인 것이다.

로마서(신약의 서신서들 거의 대부분도 포함됨)의 문학적 구조는 십계명과 동일한 메시지를 가르친다. 즉, 하나님의 사랑이 그의 명령 이전에 있었다는 것이다. 우리의 순종은 그의 은혜에 반응하는 방법이지 획득하기 위한 방법이 아니다. 이처럼 문학적 맥락은 하나님의 은혜와 하나님의 백성이 그에 반응하는 방법을 보여 준다. 우리가 잊지 말아야 할 두 가지는 (1)은혜는 하나님의 명령을 없애지 않는다, (2)하나님의 명령을 은혜의 맥락 없이 가르쳐서는 안 된다는 것이다.

불충분한 이해

성경의 훈계를 바르게 해석하려면 맥락에 담긴 은혜를 찾아야 한다. 복음 안경을 끼면 은혜가 분명하게 보일 것이다. 일어난 일과 하나님의 요구를 말하는 것만으로는 불충분하다. 성령께서 그 본문을 주신 이유와 우리가 반응해야 하는 법을 알기 위해서는 그 안에 있는 은혜를 찾아야 한다.

때로 하나님은 그의 은혜로 우리를 격려하고 고무시키고 가르치고 겸손하게 하셔서, 우리가 그를 사랑하고 따르게 하신다. 은혜가 우리를 자극하여 사랑하고 충성하게 하는 것이다. 그런 목적을 이해하였으면, 이제 은혜가 성경 본문을 적용하는 데 영향을 미치는 방법에 대한 질문으로 넘어가기로 하자.

chapter 14

어떻게 율법주의를
피할 수 있을까요?

　은혜는 하나님의 명령을 없애지 않는다. 그러면 은혜는 명령을 가르치는 데 어떤 영향을 미칠까? 하나님의 율법에 대한 순종을 강조하면서도, 율법적으로 되거나 하나님의 사랑이 우리 행위로 결정된다는 인상을 주지 않을 수 있을까? 이런 의문들은 결국 하나님이 명령하신 목적이 무엇인지 이해해야 한다는 결론에 다다른다. 명령들을 내리신 이유는 우리에게 값없이 주시는 그의 사랑을 경험하게 하려는 걸까? 아니면 그의 사랑을 획득하라고 주신 것일까?
　우리 선한 행위는 아무리 해도 하나님께는 "더러운 옷"(사 64:6)과 같기 때문에, 하나님의 사랑을 획득하는 일은 불가능하다. 하나님이 율법을 주신 이유는 하나님이 의도하신 선을 획득하기 위함이 아니라 경험하기 위한 것이다. 이 목적을 알면 성경의 모든 명령의 바탕에는 은혜가 있음을 기억하게 될 것이다.

"치명적인 되라 메시지"를 주의하라

12장에서 기독교적 성경 해석은 성경에 나오는 영웅처럼 되라는 교훈으로 결론이 나면 안 됨을 살펴보았다. 성경은 실제로 영웅들의 명성을 망가뜨리려는 것처럼 보인다. 영웅은 오직 한 분만 있음을 깨달아야 하기 때문이다.

그 유일한 영웅의 이름은 예수님이다. 예수님의 유일한 본성을 알게 되면, 성경이 가르치는 것처럼 보이지만 사실은 기독교 정신에 치명적인 해가 되는 메시지를 피할 수 있다. 나는 이런 종류의 메시지를 "치명적인 되라 메시지"라고 부른다.

"처럼 되라"는 메시지

성경에 나오는 이런 저런 훌륭한 인물 "처럼 되라"는 교훈을 하는 메시지는 실패할 수밖에 없다. 그 인물 이야기 전체를 살펴보면 허물이 드러나기 때문이다. 족장들은 거짓말을 하고 나쁜 일을 묵인했다. 사사들은 잔인하고 어리석은 일을 했다. 왕들은 탐욕스러웠고 악하게 억압했다. 선지자들은 불평하고 도피했다. 사도들도 배신하고 도망쳤다. 물론 그들의 실패가 이야기의 전부는 아니다. 그러나 그들의 의로운 행위도 이야기의 전부가 아니다. 그들이 하나님의 뜻을 성취하기 위해서는 많은 은혜를 주셔야 했다.

사실 전체를 가르치라

우리는 성경 영웅들의 삶에서 본이 되는 특징들을 배우고 본받아야 한다. 그러나 그들도 인간임을 잊어서는 안 된다. 만일 좋은 일만 말하면서 사람들에게 "여러분도 그렇게 되어야 합니다"라고 한다면, 성경 메시지를 일부만 전하여 그들을 잘못 이끄는 셈이 된다.

좋은 일이 일어난 이유는 인간의 노력과 성취에 넘치도록 하나님이 축복하셨기 때문이다. 하나님은 성경 인물들의 삶을 통하여 선한 행위와 축복 받는 길을 가르치시기도 하지만, 그렇게 살기 위해서는 하나님의 도우심이 필요하다는 것도 가르치신다. 거기에서 은혜가 나온다.

성경에 나오는 인물의 선한 특징을 닮으라고 가르치는 것 자체는 잘못되지 않았다. 그러나 이 때문에 문제가 생긴다. 이런 가르침은 하나님께 인정받고 우리가 의롭게 되는 것이 많은 지혜와 의지력을 가지는 것에 의해 결정되는 것처럼 보일 수 있다. 이는 절대로 성경의 메시지가 아니다. 그래서 성경은 인간의 타락한 본성을 거듭 보여 주는 것이다.

교만과 절망을 피하게 하라

성경의 훌륭한 인물을 그처럼 훌륭하게 만든 은혜를 의지하지 않고, 단순히 그 사람처럼 되라고 가르치는 것은 교만과 절망을 낳는다. 자기들이 그렇게 될 수 있다고 생각하면 교만해지고, 그렇게 될 수 없다고 생각하면 절망하게 되기 때문이다.

이런 결론에 대해 시험해 보려면 사람들에게 '예수님처럼' 되어야 할 책임을 어떻게 생각하는지 물어보라. 그렇게 될 수 있다고 생각하는 사람들을 주의하라. 자신은 할 수 없다고 알고 있는 사람들에게 은혜를 보여 주어야 한다. 하나님이 그 아들을 본으로 주신 것은 우리가 그의 마음을 본받아 본이 되는 삶을 살게 하려는 것이다. 그러나 그렇게 되기 위해서 얼마나 많은 은혜가 필요한지를 결코 잊어서는 안 된다.

"선하게 되라"는 메시지

"처럼 되라" 메시지와 아주 비슷한 것이 "선하게 되라"는 메시지이다. 사람들에게 선하게 되라고 말하는 것은 잘못이 아니다. 나쁘게 되라고 말하려는 게 아니기 때문이다. 실제로 "선하게 되라" 메시지는 잘못된 것이 전혀 없다. 다만 그것만 말하면 안 된다.

영적인 독을 피하라

분명히 성경에는 "선하게 되라"는 메시지가 많이 있다. 그런 명령과 예, 다른 사람에 대한 관심은 끊임없이 우리를 거룩한 삶으로 이끌어 간다. 하나님은 "내가 거룩하니 너희도 거룩하라"(레 11:44)고 말씀하셨다.

그러나 문제가 있다. 거룩은 절대적 순결의 결과다. 거룩한 사람은 항상 절대적으로 흠이나 결함이 없다. 하나님의 섭리하심이 없이 어떻게 우리가 거룩할 수 있을까? 하나님은 "의인의 없나니 하나도 없으며"(롬 3:10)라고도 말씀하신다. 그래서 만일 하나님이 우리를 거룩하게 하실 수 없다면 우리가 선행을 쌓아서 거룩하신 하나님 앞에 선하게 될 가능성은 절대로 없다.

그러나 수많은 주일학교 교사들이 이런 방식을 통해 선행을 격려한다. "네가 착한 어린이가 되면 예수님이 너를 사랑하실 거야." 이 말은 온유하고 부드럽지만 영적인 독이다. 예수님이 우리를 사랑하시는 것은 우리가 선해서가 아니라 예수님이 선하기 때문이다. 우리의 선함 때문에 하나님이 우리를 사랑하신다고 가르치는 것은 영적으로 해롭다.

기독교의 다름을 받아들이라

기독교는 다르다. 세상 다른 모든 종교와는 달리, 인간의 선함이나 노력, 정신적 초월이 우리를 천국으로 인도한다고 가르치지 않는다. 하늘이 땅보다 높음같이 하나님의 기준은 우리 기준보다 높다(삼상 2:2; 사 6:1-3). 그래서 우리가 하나님과 연합하려면 하나님이 우리에게로 내려오셔야 한다. 하나님은 예수님과 그의 사역을 통해 그렇게 하셨다. 하나님의 은혜 없이 우리의 선함으로 하나님께 이를 수 있다고 가르치는 것은 그냥 기독교에 못 미치는 정도가 아니라 기독교 신앙과 반대되는 가르침이다.

이 책을 읽는 사람들 가운데 많은 이들이 수긍을 하면서도, 순종을 촉구할 때마다 꼭 하나님의 은혜를 언급해야 하는지 궁금할지도 모른다. 이 말은 은혜가 늘 깔려 있다는 논리이다. 자주 은혜에 대해 듣기 때문에 굳이 직접 언급하지 않아도 모든 교훈의 배경과 바탕에 은혜가 전제되어 있다는 것이다. 나도 그럴 가능성을 절대적으로 부정할 수 없지만 대부분의 사람들은 그렇지 않다는 것 또한 지적할 수밖에 없다.

인간의 반사 작용

우리가 은혜를 설교할 때조차 사람들은 율법으로 듣는다. 하나님이 사랑하고 받아 주시고 은총을 베푸시는 이유는 자신이 하나님의 요구조건을 충족했기 때문이라고 생각하는 것이다. 자신이 완전하지 못함을 시인하지만, 하나님이 받아 주시는 것은 자신이 어떤 일정한 선함의 기준에 이르렀기 때문이라고 믿는다. 그렇게 함으로써 자신의 합격 여부를 인간적 비교(난 대부분의 사람들 혹은 극악한 사람들보다 나은 사람이다)뿐 아니라 하나님의 거룩하심을 낮추어 판단한다.

이들은 하나님을 기쁘시게 하려는 행위는 오히려 하나님으로부터 더 멀어지게 한다는 사실을 깨닫지 못한다. 인간의 행위는 하나님의 은혜로 정결하게 되지 않는 한 하나님의 거룩의 기준에 도달하지 못하기 때문이다(사 53:6; 눅 17:10).

만일 우리가 가르치는 거의 모든 내용의 배경에 은혜가 들어 있다면, 그것은 정상적이라기보다는 예외적인 경우이다. 우리의 첫 조상이 타락한 이래 인간의 반사작용은 자기정당화이다. "나는 충분히 선하니까 하나님의 축복을 누릴 자격이 있어"라고 여기는 것이다. 그렇기 때문에 성경을 가르칠 때 선행을 가르치면, 이 반사작용을 부추기고 그 사람의 마음에 있는 뿌리를 더 깊어지게 만든다.

성숙한 가르침이라면 이런 인간 내면의 사고방식을 인식하여 정기적으로 은혜를 강조함으로 이에 단호하게 맞서야 한다. 그렇게 하지 않으면, 우리가 선하게 되라고 가르치는 동안에 반기독교적인 반사작용이 더욱더 뿌리 내리게 된다.

모스크나 회당에서도 받아들일 만한 내용인가?

겸손하고 감사하며 충성된 신자로 양육하기 위해 은혜를 충분히 먹여 주고 있는지 시험해 보는 한 가지 방법은 이렇게 질문을 하는 것이다.

"하나님의 말씀을 바탕으로 내가 지금 가르친 내용이 회당이나 모스크에서도 받아들여질 만한가?"

"도둑질하지 말라"는 메시지를 싫어하는 유대인은 없을 것이다. 모슬렘도 "아내에게 성실하라"는 명령에 반대하지 않을 것이다. 그러나 도둑질과 간음의 모든 차원을 상세히 가르친다면 "그만 하시오!"라는 반응을 듣지 않을까?

일부는 "맞습니다만, 내 설교를 듣는 사람들은 성경을 충분히 잘 알고 있어서 이 모든 명령이 은혜를 배경으로 한다고 내가 굳이 말해 줄 필요가 없습니다"라고 말할 수도 있다. 좋다. 논리적으로 맞는 말이다. 그러나 한 가지 질문을 해 보자. "지난 주에 한 메시지는 회당이나 모스크에서도 받아들여질 만한 것이었는가? 그 전 주의 메시지는? 그 전전 주는?" 만일 이 질문에 대해 엄격하고 정직하게 평가했는데 그렇다는 대답이 나온다면, 청중은 은혜로 동기화되고 은혜로 힘을 얻는 삶을 제대로 이해하지 못했을 가능성이 크다. 그리고 기독교 메시지의 다른 점 역시 거의 사라지고 없을 것이다.

구주와 성령을 영화롭게 하라

선하게 되는 것은 중요하다. 그러나 사람들이 거룩하신 하나님께서 받아 주실 수 있을 정도로 선해질 수 있다고 가르치는 것(또는 암시하는 것)은

앞에서 말한 대로 교만 아니면 절망만 만들어 낼 수 있다(6장을 보라). 하나님의 은혜에 대한 반응으로 선해지려고 노력하면 우리 구주께서 기뻐하신다.

그분의 은혜 없이 받아들여지기 위해 선해지려는 노력은 그분을 모욕하는 일이다. 그런 노력을 한다면 우리를 위한 주님의 희생은 아무 상관이 없으며, 성령의 능력 주심도 불필요한 것이라는 의미가 된다. 하나님의 은혜를 의지하지 않고 선해지려는 노력은 의도하지 않았더라도 하나님과 멀어지게 한다. 우리의 선함은 겸손의 장애물이다. 그러나 겸손은 하나님의 축복이 우리 삶으로 들어오는 통로다.

"훈련되라"

"치명적인 되라 메시지" 가운데 마지막인 "훈련되라"는 설교에서 가장 흔한 가르침이다. 앞에서 말한 것과 동일한 원리로 말이다. 정기적으로 성경을 가르치는 사람은 누구든 금세 발견하게 되는데, 도덕 교육을 하는 식으로 가르치지 않아야 대부분의 사람들에게 사실상 새로운 소식이 될 수 있다.

더 열심히 노력하라

사람들은 많은 부분에서 하나님의 명령을 순종하지 못한다고 시인하지만, 그 기준에 대해서는 놀라지 않고 받아들인다. 규칙적으로 성경의 교훈을 접하지 않는 사람도 "웃기는 소리 마세요. 정말로 하나님이 나더러

도둑질하지 말라고 하신다고요?"라고 하거나 "나는 성경이 배우자에게 성실하라고 가르치는 줄 전혀 몰랐어요"라고 하지는 않을 것이다. 교회에 앉아 있는 사람 대부분은 이미 성경의 명령을 알고 있다.

이를 명심해야 한다. 성경을 가르치는 사람들은 그들이 모르는 기준을 소개하기보다는 성경의 명령을 순종하는 방법을 설명하는 데 더 많은 시간을 들인다. 그들에게 새로운 사실을 가르치기보다는 그들이 이미 알고 있는 것을 더 잘하라고 말하는 것이다. 그들이 하고 있는 노력을 더 많이 더 일관성 있게 하라고 자극하고 격려하고 동기를 부여한다.

더 많이 하라

이미 알고 있는 것을 더 많이 더 잘하도록 돕기 위해서 우리는 영적 훈련을 하라고 한다. "성경을 더 많이 읽으십시오. 기도를 더 많이 하십시오. 예배에 더 많이 참가하십시오. 특히 우리 교회에 더 많이 오십시오"라고 한다.

당연히 영적 습관을 개선하라는 것 자체는 아무 문제가 없다. 그러나 "더 많이"의 기준은 무엇인가? 얼마나 더 많이 하면 거룩하신 하나님이 기뻐하실까? 어느 정도면 하나님이 기뻐하실 만한 영적 수준에 이를까?

물론 그 대답은 하나님께 인정받거나 심판을 면할 정도로 충분할 수는 없다는 것이다. 앞에서 언급했듯 영적 훈련은 은혜의 자양분으로 보아야지, 영적 건강을 얻기 위한 뇌물로 여겨서는 안 된다. 그러나 우리가 듣는 메시지가 온통 "더 많이", "더 열심히" 하라는 것일 때는 이런 관점을 가질 수가 없다.

은혜라는 자석

"더 많이"라는 메시지는 우리의 노력에 기초하여 하나님과의 관계를 유지하도록 훈련할 뿐이다. 이것은 우리에게 하나님의 사랑을 가르쳐 주고, 말씀과 기도와 교제를 통해 하나님과 교제하기를 갈망하게 하는 은혜와는 다른 메시지다. 그러나 하나님 은혜의 아름다움이 우리를 자석처럼 그의 말씀으로 이끌고, 기도하는 마음을 갖게 하며, 말씀과 예배와 성례를 통해 그의 백성들과 함께 연합하게 하면, 영적인 훈련은 하나님께서 의도하신 대로 축복이 된다.

chapter 15

율법과 은혜 사이에 균형을 어떻게 잡을까요?

"치명적인 되라 메시지"를 경고한다고 해서, 그런 교훈이 불필요하거나 중요하지 않다는 의미는 아니다. 분명히 성경은 사람들을 본으로 보여 주면서 그들처럼 "되라"고 하고, 또 은혜의 수단을 활용하도록 "훈련" 되기 위한 지침을 제시한다. 그러므로 동기와 능력을 주는 은혜 없이 명령만 주목하게 하는 "되라"형 메시지에 대해 강력하게 경고하였다. 그러나 성경의 명령을 무시하거나 가볍게 여기라는 의미가 아님을 다시 한 번 확인할 필요가 있다.

은혜의 길

"되라"는 가르침은 왜곡될 수 있음에도 불구하고 여전히 중요하다. 하나님의 법은 하나님의 성품과 사랑을 반영한다(6장을 보라). 하나님은 말씀의 교훈을 통하여 선하고 안전한 길을 계획하셨다. 사람들이 그 길을 이해하지 못하도록 한다면 전혀 은혜로운 일이 아니다. 오히려 우리는 하나님과 그의 백성들을 위한 사랑으로, 하나님이 계획하신 그 안전하고 복된 길을 분명하고 강력하게 전달할 의무가 있다.

또한 그 길을 벗어나면 길을 계획하신 분을 부끄럽게 할 뿐 아니라, 벗어난 그 사람에게도 해롭다는 것을 경고해야 한다. 그렇지만 경고할 때는 은혜로 선함과 사랑이 충만함을 입증하신 분이 그 길을 만드셨음을 분명하게 밝혀야 한다. 즉, 하나님은 은혜로 그 길을 만드셨고, 또 은혜로 그 길을 벗어난 사람을 회복시켜 주신다는 점을 분명히 해야 한다. 그 길로 행하면 하나님의 은혜를 경험하게 된다. 물론 행위로 획득하는 것은 아니다. 하나님은 은혜로 그 길을 계획하셨지만, 은혜는 그 길을 잘 따라가면 도달하는 종착점은 아니다.

분명한 목적

하나님의 법의 선함과 중요성을 말하였지만, 그 메시지가 은혜의 기초 위에 있어야 함은 여전히 중요하다. 율법과 은혜의 바른 균형을 찾겠다는 목적이 아니다. 성경적인 가르침은 율법주의와 방종의 연속선 중간 지점 어디에 있는 것이 아니다.

본질적으로 율법주의는 우리 행위를 통해 하나님께 옳다 함을 받는다고 가르친다. 선하게 되라, 순결하라, 교회 출석 잘하라, 거짓말 하지 말라, 도둑질하지 말라, 나쁜 영화 보지 말라, 속이지 말라, 매일 성경 읽어라 등이 그렇다. 여기서 가르치는 본질은 선한 행위가 우리를 하나님 앞으로 인도해 준다는 것이다.

종교적 자유주의자들은 보수적인 도덕에 별로 개의치 않기 때문에 아주 다르게 가르치는 것 같다. 가난한 사람들을 돌아보라, 환경을 보호하라, 불관용을 관용하지 말라, 장벽 없이 사랑하라, 모든 사람에게 의료 혜택을 제공하라 등의 가르침 말이다.

그러나 이런 행동을 통해 하나님께로 갈 수 있다고 생각한다면 율법주의자들과 같은 신앙을 가진 것이다. 다시 말해 선한 행위로 하나님께 갈 수 있다고 생각하는 것이다. 율법주의자와 자유주의자는 어떤 행동이 최선이냐 하는 면에서는 다르지만, 인간의 행위가 하나님께 도달하는 다리가 된다는 전제에 있어서는 생각이 같다.

균형이 아니다

기독교는 상충하는 도덕적 정치적 관점들 사이에서 균형을 추구하는 것이 아니다. 기독교는 우리 행위가 하나님과의 관계의 기초라는 믿음 가운데서는 결코 발견될 수 없다. 성경은 우리와 하나님과의 관계는 예수 그리스도께서 하신 일에 대한 믿음에 의해 이루어진다고 가르친다. 우리의 선함이 아니라 오직 그의 은혜가 우리를 향한 하나님의 사랑의 기초라는 것이다.

도덕이나 선행에 대한 성경 공부에서 은혜를 빠뜨린다면, 기독교 메시지와 상충되는 것까지는 아니더라도 혼란을 초래할 것이다. 이 말은 하나님의 말씀을 가르치는 사람은 하나님과 바른 관계를 갖기 위해 은혜와 율법 사이에서 균형을 찾게 해야 한다는 것이 아니다. 이번 주에는 은혜 조금 가르치고 다음 주에는 율법 조금 가르쳐서, 매주 사람들이 여기도 저기도 지나치게 의지하지 않기를 바라서는 안 된다는 것이다. 복음은 율법과 은혜 사이의 균형이 아니다. 경건이라는 감사한 삶을 살게 하는 것은 은혜라는 기쁜 소식이기 때문이다.

은혜가 기초요 연료다

그런 삶을 살기 위해서는 성경에서 하나님이 계획하신 안전하고 선한 길을 분명하게 알려 주어야 한다. 그러면서도 왜 그 길이 안전한지도 똑같이 분명하게 알려 주어야 한다. 은혜는 그 길을 계획했고, 그 길바닥에 있으며, 그 길 가장자리를 두르고 있고, 그 길 끝에 있다. 이것을 알지 못하고 그 길을 걷는 사람은 하나님이 길을 걷는 사람에게 주시려는 안전과 평안을 알지 못한다. 은혜가 성경의 명령들과 균형을 이루도록 해서는 안 된다. 은혜는 그 명령들의 기초요, 명령을 수행하기 위한 연료이기 때문이다.

다음 장에서는 이 모든 것을 사용하여 성경을 적용하는 방법을 다루도록 하겠다.

chapter 16

은혜에 대해
무엇을 적용할까요?
어디서 적용할까요?

    성경에 나오는 의무와 교리들을 적용할 때 율법과 은혜 사이의 올바른 균형에만 주의해서는 안 된다. 감사함으로 그렇게 해야 한다.

    의무와 감사는 유기적으로 연결되어 있고 본질적으로 얽혀 있다. 안 그러면 서로 갈등관계에 있는 것처럼 보인다. 우리의 순종이 은혜에 기초한 사랑에서 나오지 않으면, 율법은 율법주의로 은혜는 방종으로 보일 것이다. 하나님을 향한 사랑은 예배하고 일하고 이웃을 사랑하는 방식으로 경건하게 찬양하도록 우리 마음을 강권한다.

    성경 본문을 적용하려고 할 때 '무엇을, 어디서, 왜, 어떻게'라는 질문을 해야 한다. 이 네 가지 질문 모두에 끊임없이 답하려고 할 때 은혜와 순종 사이의 유기체적 연합을 유지할 수 있다. '무엇'과 '어디서'는 이 장에서 살펴보고 '왜'와 '어떻게'는 다음 장에서 살피도록 하겠다.

'무엇을' 적용해야 하는가?

무엇에 대한 질문은 하나님이 그의 백성들에게 성경 본문을 가르치는 결과로 무엇을 하기 원하시는지 생각하게 한다. 때로 우리는 이것을 본문이 요구하는 의무라고 생각한다. 이것은 명령 형태로 구체적으로 진술되어 있을 수도 있고, 본문에 드러난 진리로부터 논리적으로 추론될 수도 있다.

하나님의 요구를 말하는 것은 율법주의가 아니다. 앞서 말한 대로(6장), 하나님이 계획하신 안전과 축복의 길을 찾는 것은 불손한 것이 아니다. 하나님의 백성들이 그 길을 알도록 돕는 이유는, 하나님의 길로 행하는 것이 하나님을 영화롭게 하고 그의 거룩과 사랑을 드러내며, 그 길을 벗어날 때 겪어야 하는 고통과 슬픔으로부터 보호하기 때문이다.

성경의 의무와 교리는 하나님과 그들의 유익을 위한 것임을 이해하게 되면, 사람들은 하나님의 법을 즐거워하며 그 내용을 알려고 한다(시 119:97). 자기 아들을 희생시켜서 우리를 구원하신 하나님을 영화롭게 하기 원하며, 또 하나님의 길로 행하여 그가 약속하신 축복을 누리기 원한다.

명령 자체가 율법적이라는 그릇된 생각으로 성경의 명령을 가르치지 않으면 잘못된 일이다. 순종으로 은혜를 얻을 수 있다고 가르치는 것(또는 암시하는 것)은 분명히 비성경적이고 해로운 일이지만, 하나님이 명령하신 것을 가르치지 않는 일 또한 동일하게 비성경적이고 무자비한 일이다. 마음이 은혜에 붙잡힌 사람들은 그들의 구주를 섬기고 기쁘시게 할 수 있는 방법을 알기 원한다.

'어디서' 적용해야 하는가?

성경이 가르치는 의무와 교리를 천국과 세상 사이에 매달린 추상적인 개념으로 여기면 사람들에게 별 도움이 되지 않는다. 성경의 의무와 교리가 일상생활과 관련이 없어 보이면 그것을 주신 하나님도 멀리 계신 것처럼 여겨진다.

성경을 가르치는 사람들은 성경의 교훈을 직면한 특정한 상황에 적용하지 않는 것을 더 쉽고 안전하게 여길 수 있지만, 그것은 하나님의 백성이 진정으로 필요로 하거나 원하는 것이 아니다.

대부분은 성경을 가르치면서 사람들이 말씀으로 도전받기를 원하지 않을 거라고 생각하지만 그것은 잘못된 생각이다. 물론 냉담하고 거역하기 좋아하는 사람들은 하나님의 명령을 원하지 않을 수 있다. 하지만 마음이 뜨겁고 성령에 민감한 사람들은 하나님을 영화롭게 하는 방법을 듣기 원한다. 그들은 하나님의 말씀으로 어떻게 자신의 삶을 변화시킬 수 있는지 알기 원한다. 말씀으로 도전을 받아 그 말씀을 주신 분과 더 가까이 동행하기를 원한다.

구체적인 상황

잘 된 적용은 말씀의 구체적인 교훈이 우리 삶의 구체적 상황에 어떻게 적용되는가를 찾아내는 것이다. 다양한 청중들에게 구체적인 상황들을 찾아내게 하는 일은 벅차 보일 수도 있다. 그러나 성경 본문을 자세히 살피면 가르치는 구체적 상황을 알 수 있다.

하지만 이런 교훈들이 적용되는 구체적 상황들은 보통 가르치는 사람의 인생 경험에서 나와야 한다. 가르치는 사람은 청중들이 삶의 어느 부분에서 영적인 도전을 받는지 알아야 유익하고 실제적인 적용을 유도할 수 있다.

그런 사려 깊은 적용을 하게 하려면 성경을 가르치는 사람은 다음 두 가지가 필요하다. (1)하나님의 백성들과 함께 산다. (2)그들이 질문을 하도록 한다.

'하나님의 백성들과 함께 산다'는 무엇을 의미하는가? 사도 바울은 데살로니가 사람들을 변화시킨 사역에 대해 말하면서 이렇게 설명하였다. "우리가 이같이 너희를 사모하여 하나님의 복음뿐 아니라 우리의 목숨까지도 너희에게 주기를 기뻐함은 너희가 우리의 사랑하는 자 됨이라"(살전 2:8).

우리가 하나님의 백성들과 삶을 함께하게 되면, 그들의 삶을 알고 그들의 민감한 상황에 복음을 소개할 수 있다. 성경의 진리를 적용하는 삶은 단순히 주석을 다는 식으로 공부하는 것뿐 아니라, 즐거워하는 자들과 함께 즐거워하고 우는 자들과 함께 우는 것이다(롬 12:15). 졸업식에, 축구 경기에, 병원과 가정에, 결혼식과 장례식에, 직장과 등산길에, 그들의 집과 나의 집에 함께하는 것이다. 이것이 하나님의 백성과 함께 사는 것이다.

물어야 할 질문

그들의 상황을 알면, 성경의 어떤 특정한 교훈이 그들의 삶에 적용되어야 하는지 말할 수 있다. 이렇게 하기가 어렵다면 간단한 과정을 통해 추상적인 적용을 극복할 수 있다. '누구'라는 문으로 들어가 '어디'의 문제에 답하는 것이다. 성경의 한 본문이 가르치는 의무 혹은 교리를 분별한 후에는, 다른 사람들과 함께 우리의 경험이라는 정신적 문을 열고 자신에게 "누가 이것을 들어야 하는가?"라는 질문을 한다.

기법과 감각에 매달리기 때문에 우리가 공적으로 누구를 대상으로 하고 있는지 찾기가 힘들다. 이때는 그런 상황에 있는 특정 개인보다는 그런 사람들이 맞닥뜨리고 있는 상황에 대해 일반적으로 말을 해야 한다.

이런 과정을 통해 우리는 그 부류의 사람들을 대상으로 어떤 성경이 그들에게 적용되는지 말할 수 있다. 이렇게 하면 이런 적용을 생각하게 한 사람이 누군지 구체적으로 밝히지 않고, 청중들이 마주하고 있는 상황에 대해 아주 민감하고 구체적으로 말할 수 있다.

이렇게 성령의 도우심을 받는 분별과 통찰을 가지게 되면 우리의 가르침을 듣는 사람들은 "어떻게 알고 저에게 그렇게 도움이 되는 말씀을 해주셨죠? 혹시 제 메일을 읽기라도 하셨습니까?"라는 반응을 보인다. 그때 그들의 메일을 읽어 봤다고 고백하지 않기를 바란다. 대신 그런 문제로 괴로워하는 사람들이 생각나게 하셔서, 본문의 진리를 필요한 곳에 적용할 수 있게 해 주신 성령님께 조용히 감사하면 된다.

짐 목록을 만들지 말고 덜어 줄 것

성경을 적용할 때 아주 흔히 하는 일이 있는데, 그것은 성경 공부 마지막에 의무 목록을 작성하는 것이다. 그러나 이것은 사람들에게 짐을 지울 뿐이다. 적용이 새로운 의무들을 찾아내는 일이 되면, 교사의 창의성이나 진지함을 과시할 수 있을지는 모르지만 배우는 사람의 평안과 기쁨은 사라진다.

더 나은 적용 방식은 청중들이 처한 실제 상황을 놓고 본문이 말하는 의무와 교리에 집중하는 것이다. 그들이 성경에 대한 지식과 명확함을 가지고 자신의 문제를 대면하게 도와주면, 그들에게 이미 가지고 있는 염려를 더하지 않고 짐을 덜어 줄 수 있다.

추상적인 의무와 교리는 쉽게 사라진다. 그래서 그것을 주시려고 나타나신 하나님도 쉽게 무시해 버리게 된다. 의무 목록은 짐이 되어 감독관으로만 보이는 하나님에 대한 미움이 생기게 한다.

그러나 일상생활에서 만나는 영적 문제들을 해결하도록 돕는 적용을 하게 되면 그것을 제공한 하나님의 말씀과 목자의 마음에 감사하게 된다. 이런 감사는 그리스도인의 삶을 위한 동기와 능력을 얻게 하는 데 필수적이다. 이것이 다음 장의 주제이다.

chapter 17

은혜를 왜 적용해야 할까요? 어떻게 적용할까요?

앞 장에서 우리는 성경의 교훈을 적용하기 위해 반드시 대답해야 하는 네 가지 중요한 질문 가운데 두 가지 (1)무엇을 적용해야 하는가, (2)어디서 적용해야 하는가를 다루었다. 이 장에서는 나머지 두 가지 중요한 질문 (3)왜 하나님의 지시를 행해야 하는가, (4)어떻게 하나님의 지시를 행해야 하는가를 살펴볼 것이다. 이 두 질문은 성경의 진리를 경건한 동기와 능력을 가지고 적용하도록 도와준다.

'왜' 적용해야 하는가?

사람들에게 무엇을 적용해야 하는가와 어디서 적용해야 하는가를 말해주는 것이 적용의 전부인 것처럼 여겨질 수도 있다. 그러나 만일 우리가 감사의 태도를 확립시키려는 의도라면, 하나님의 백성은 올바른 동기로 그를 섬겨야 한다는 것도 분명히 해 주어야 한다. '무엇을' 해야 하는가와 함께 그것을 '왜' 하는가도 알아야 하는 것이다.

그릇된 이유

"그릇된 이유로 바른 일을 하는 것은 그릇되다"는 말이 있다. 말은 쉽지만 이 원리를 실제에 적용하지 않으면 하나님의 백성을 잘못 인도하게 된다. 바른 교훈을 가르칠 때도 그렇다.

어떻게 바른 교훈으로 하나님의 백성을 잘못 인도하는 일이 일어날 수 있을까? 구약에서 하나님께서 그의 백성에게 그들이 드리는 제물이 역겹다고 말하신 때를 생각해 보자(시 51:7; 잠 15:8; 사 65:5; 암 5:21-22).

제물은 실제로 좋은 것이고 하나님이 구약에서 명령하신 것이다. 그러나 단순히 하나님을 달래려는 동기로 제물을 드리고 자기 죄를 소홀히 하거나, 여호와 하나님의 요구 사항을 충족시킴으로써 다른 신들처럼 그의 마음을 누그러뜨리려고 했을 때 하나님은 그 제물을 멸시하셨다.

마찬가지로 오늘날 우리가 예배를 드릴 때, 하나님을 달래서 우리가 죄를 계속하려고 한다면, 아무리 기도가 아름답고 찬양이 열정적일지라도 그 예배는 그릇된 것이다. 그리고 우리가 성경을 읽고, 기도 시간을 늘리고, 예배에 출석하고, 행동을 바르게 하는 이유가 하나님을 설득하여 우리에게 잘해 주게 하려는 것이라면, 우리의 영적 행위는 은혜를 얻는 것이 아니라 은혜로부터 멀어지게 한다.

이유를 중시하라

동기는 순종 못지않게 하나님을 기쁘시게 하는 데 중요하다. 그래서 적용에서 은혜는 중요할 뿐 아니라 핵심적인 요소다. 청중의 행동은 물론 동기가 하나님을 영화롭게 하려면 먼저 본문 안에 있는 은혜를 찾아야 한다(12장을 보라. 간단한 예는 13장에 있다). 그러지 않으면 순종은 하나님의 사랑을 경험하는 데 장애가 된다.

하나님을 향한 사랑 본문에서 은혜를 찾으면 자신들의 순종으로 하나님께 사랑을 받는다거나 받아들여지려고 하지 않게 된다. 만일 하나님의 마음을 살 수 있다면 우리의 순종은 뇌물이 될 것이다. 그리고 하나님 사랑의 크기는 우리가 그분 앞에 드리는 '더러운 옷'의 무게로 결정될 것이다(사 64:6).

진정한 순종은 언제나 하나님 은혜에 대한 사랑의 반응이지, 은혜를 획득하기 위한 게 아니다. 그것은 헛된 노력이다. 하나님 은혜의 위대함을 이해하면 그분을 사랑한다. 그리고 그분에 대한 사랑이 그분을 위해 살게 한다.

하나님이 사랑하는 이들을 향한 사랑 하나님을 향한 사랑은 또한 하나님을 기쁘시게 하고 그의 백성에게 동기를 부여하는 새로운 사랑이 일어나게 한다(8장). 우리는 하나님을 사랑하기 때문에 하나님이 사랑하시는 사람, 하나님이 사랑하시는 것들을 사랑한다. 하나님은 사랑스럽지 않은 자들, 소외된 자들, 억눌린 자들, 고통받는 고아와 과부들을 사랑하신다.

하나님은 자신이 만드신 세상과 그 안에 거하는 피조물들을 사랑하신다. 그 결과, 하나님을 향한 사랑이 기독교 윤리와 청지기 정신, 선교의 기초가 된다. 은혜는 고통당하는 세상을 무시하고 나만 편안한 이기심에 안주하도록 허락하지 않는다. 그리스도의 은혜에 사로잡힌 마음은 그분의 세상과 그 안에 거하는 모든 것들에 대한 관심으로 요동친다.

하나님이 사랑하시는 '나'를 향한 사랑 하나님을 향한 사랑은 또한 자신을 향한 올바른 사랑을 만들어 낸다. 복음이 자신을 사랑하도록 격려한다고 말하면 이상하고 이기적으로 들릴지 모르지만 분명히 '나'를 향한 올바른 사랑이 있다.

우리는 보통 자기를 미워하는 사람을 만났을 때 자기 사랑의 필요성을 확인하게 된다. 자기의 몸과 유대관계, 배경, 외모, 실패, 고통 등을 미워한 나머지 자신을 해치는 행위를 하는 사람들에게 어떻게 해 주어야 할까?

거식증, 과식증, 자해, 약물남용, 자살이 보편화된 세대에게 자기 증오를 반드시 해결해 주어야 한다. 보통 그리스도인의 반응은 "예수님은 당신을 사랑하십니다"라는 것이다. 물론 잘못된 말은 아니다. 우리는 자해하는 사람들에게 예수님이 그들을 사랑하시기 때문에 자신을 소중히 여겨야 한다고 말한다. 신자는 성령이 거하시는 성전이요, 그리스도의 아버지의 자녀이며, 하나님의 손으로 만드신 피조물이며, 하나님의 형상이며, 예수님의 희생적 사랑의 대상이다. 이 모두가 하나님이 사랑하신다는 부정할 수 없는 표다. 예수님이 우리를 사랑하신다면 스스로를 사랑하는 일은 당연하다. 그리고 들려오는 자기 증오의 음성은 구주에게서가 아니라 사탄에게서 온 것임을 깨달아야 한다.

자신의 선택으로 삶을 망친 사람들에게도 그리스도의 은혜는 사랑의 증거가 되어 자신을 사랑하도록 동기를 부여한다. 그의 은혜로 자신의 삶을 축복할 만큼 자신을 사랑하게 되면 비로소 예수님과 동행하는 축복을 갈망하면서 죄의 폐해를 피하는 일이 중요해진다. 자신에 대해 관심이 없는 사람들에게는 성경의 축복과 경고가 전혀 중요하지 않다(동기도 주지 못한다). 하나님이 사랑하는 사람과 사물을 사랑하는 것(거기에 자신도 포함된다 해도)은 우리를 향한 그리스도의 은혜를 이해할 때 생기는 올바른 동기이다.

최고의 사랑

무엇이 자기 사랑을 이기심으로 변하지 않게 하는가? 우리가 무엇보다도 그리스도를 사랑할 때 모든 사랑이 올바른 순서와 비중을 찾는다. 자기 사랑을 최고의 자리에 놓지 않는 한 부적절한 것이 아니다. 예수님은 "네 마음을 다하고 목숨을 다하고 뜻을 다하여 주 너의 하나님을 사랑하라 하셨으니 이것이 크고 첫째 되는 계명이요 둘째도 그와 같으니 네 이웃을 네 자신 같이 사랑하라"(마 22:37-39)는 말씀을 통해 우리 동기의 우선순위를 설명하셨다. 예수님은 하나님 사랑, 이웃 사랑, 자기 사랑이 모두 올바르다고 하셨다. 하지만 여기에 올바른 우선순위가 있다.

은혜를 통해 비치는 우리를 향한 하나님의 사랑은 그를 향한 최고의 사랑을 만들어 내고 그가 사랑하시는 사람, 그가 사랑하시는 것을 사랑할 수 있게 한다. 그래서 우리는 하나님의 말씀을 그가 의도하신 대로 삶에 적용한다. 사랑이 그리스도인에게 유일하게 올바른 동기는 아니다. 하지만 지상 명령에 대한 그리스도의 말씀은 하나님을 향한 사랑이 우리가 하는 모든 일의 근본적 동기임을 분명히 밝혀 준다.

다른 동기들에 대해서는 앞으로 다룰 것이다. 우선, 하나님의 말씀을 적용하도록 동기를 부여할 때 저지르는 세 가지 실수를 살펴보도록 하자. 첫 번째 실수는 진정한 순종을 위해서는 올바른 동기가 필요하다는 것을 잊는 것이다. 둘째는 성경에는 여러 가지 동기들, 즉 하나님 사랑, 이웃 사랑, 자기 사랑이 있음을 잊는 것이다. 셋째, 이 동기들 사이에는 우선순위가 있다는 것을 잊는 것이다. 잘못된 동기 혹은 우선순위를 피하려면, 하나님이 요구하시는 순종을 이끌어 내는 사랑의 근원인 은혜를 모든 본문에서 발굴하기 위해 주의 깊게 그리고 끈질기게 노력해야 한다.

'어떻게' 적용하는가?

무엇을 적용해야 하는가, 어디서 적용해야 하는가, 왜 적용해야 하는가의 문제는 성경적 순종에 필요한 요소이다. 그러나 이것이 전부가 아니다. 앞에서 살펴본 대로(7, 8장) 구체적인 교훈과 선한 동기가 있어도, 여전히 순종을 놓고 고민할 수 있다. 정욕과 산만함, 중독, 거역 등이 여전히 복음이 우리 삶에 뿌리 내리는 것을 방해할 수 있다.

마음의 변화가 필요하다

성경을 가르치는 사람은 누구든 이런 질문을 받는다. "하나님이 기대하시는 것도 알고, 저도 하나님을 영화롭게 하고 싶습니다. 하지만 어떻게 그렇게 할 수 있을까요?"

하나님이 요구하시는 것을 아는 지식과 심지어 그것을 행할 소원까지 있어도 순종을 보장하지 않는다는 것이다. 지식과 동기는 필요하다. 그러나 순종할 수 있는 능력을 갖추는 것까지는 충분하지 않다. 어떻게 해야 우리가 알고 행하기 원하는 것을 할 수 있을까?

실제적인 제안과 더 열심히 노력하라는 격려가 적절하고 유익하다. 그러나 충분하지는 않다. 기도, 성경 공부, 예배 등을 통하여 하나님이 원하시는 것을 알고 내주하시는 성령님의 능력을 구하는 것 외에, 궁극적으로 마음의 변화가 필요하다. 그 이유는 궁극적으로 우리는 가장 사랑하는 것을 행하기 때문이다.

마음의 변화가 이루어짐

여기에서 은혜가 중요한 역할을 한다. 신자들에게는 성령이 내주하시기 때문에 악한 죄의 충동에 저항할 능력이 없다고 주장할 수 없다. 그리스도인은 죄의 종이 아니라고 성경은 분명히 가르친다. 우리가 죄에 굴복하는 것은 우리 정욕과 욕망에 끌려갔기 때문이다. 죄가 매력이 없으면 우리 삶에 어떤 능력도 호소력도 가질 수 없다는 점을 생각하면 이것이 분명해진다. 우리를 유혹하는 것에 굴복할 때 범죄하게 된다.

그렇다면 죄에 대한 사랑을 극복하는 방법은 무엇일까? 앞에서 다루었지만(7-9장) 여기서 다시 반복하는 이유는 성경의 적용에서 은혜가 유기적이고 필요한 것임을 살펴보아야 하기 때문이다.

죄에 대한 사랑보다 더 큰 사랑이 생길 때 죄에 대한 사랑을 버리게 된다. 죄가 우리 마음을 다스릴 능력을 주는 우리의 방탕한 사랑은 그리스도를 향한 사랑에 의해 쫓겨나게 된다. 그리스도를 향한 사랑은 하나님의 은혜를 온전하고 민감하며 능력 있게 접하고 설명을 받으면 생긴다.

성령께서 성경 모든 본문을 통해 반드시 보여 주시는 은혜는 의무를 회피하게 하려는 것이 아니라 행할 능력을 주기 위해서이다. 만일 우리가 그 은혜를 무시한다면 궁극적인 순종의 능력, 즉 그리스도를 향한 최고의 사랑으로부터 끊어지는 것이다.

은혜를 보는 만큼 신자들은 구주를 사랑하게 되고, 그를 섬기려는 소원이 불타게 되며, 그에게 순종하려는 의지를 가질 수 있게 된다. 그리스도를 무엇보다도 더 사랑할 때, 그가 원하시는 것을 행할 수 있다.

chapter 18

'사랑'만이 성경적으로 유일한 동기인가요?

　이런 질문을 많이 받았다. "당신은 언제나 은혜가 주는 사랑의 능력이 동기와 능력을 부여한다고 이야기합니다. 이런 감상적이고 달콤한 말 말고 다른 이야기는 언제 하실 겁니까? 그리스도인이 위기와 박해, 시련, 큰 유혹을 당할 때 순종의 짐을 감당할 수 있을 만큼 사랑이 정말로 강하고 견고합니까? 성경에 나오는 다른 동기들, 예를 들면 순종에 대한 상급, 심판에 대한 두려움 등의 동기는 어떻게 합니까? 그리고 여호와를 경외하는 것이 지혜의 근본이라는 것을 잊지 마십시오. 현실에서 순종이라는 그 어려운 일을 하기 위해 제시하실 것이 정말 사랑이 전부인가요?"

여러 가지 동기와 우선순위를 기억하라

　은혜를 적용하는 방법에 대해서는 16-17장에서 이미 길게 대답했으므로 여기서는 간단히 기억을 떠올리는 정도로 언급하겠다. 동기부여와 관련하여 그리스도인들이 저지르는 실수는 성경에 나오는 여러 동기들의 우선순위를 인식하지 못하는 것이다. 동기는 많지만 우선순위가 있다.

성경에는 분명히 여러 가지 동기가 나온다. 예를 들어, 주님은 사랑과 함께 순종에 대한 축복, 불순종에 대한 징계, 회개하지 않는 자에 대한 심판, 거듭나지 않은 자를 위한 지옥, 그리고 "지혜의 근본"이 되는 "여호와를 경외함"(물론 나는 잊지 않았다) 등으로 우리에게 동기를 부여하신다.

그런데 왜 사랑에 그렇게 집중하는가? 성경의 명령들이 동기가 여러 가지이며 우선순위가 있다고 말하기 때문이다. 하나님을 사랑하는 것이 가장 큰 계명이면서 동시에 제일 우선순위이다. 다른 모든 동기들의 순서와 위치는 이 제일가는 명령(마 22:37-40) 다음이다. 하나님이 사랑하시는 사람과 사물, 즉 인간과 그의 피조물에 대한 사랑 배후에는 하나님에 대한 사랑이 있다. 우리가 이 모든 것을 사랑하는 이유는 우리가 사랑하는 분이 그것들을 사랑하시기 때문이다. 이 말이 핵심이다. 하나님을 향한 사랑이 그가 사랑하는 사람과 사물을 사랑하게 만든다.

상급과 경고

우리는 하나님이 사랑하시는 사람들임을 명심하라! 우리가 우리 자신을 사랑하는 것은(물론, 하나님과 이웃 사랑 다음이다) 하나님이 우리를 사랑하시기 때문이다. 우리가 자신을 사랑하지 않거나, 우리 자신보다 하나님과 이웃을 더 사랑하지 않는다면, 성경의 상급과 경고는 효과가 없거나 역효과를 낼 것이다.

영적으로 역효과를 낼 때

유익을 얻거나 보호를 받는 데 관심이 없는 사람에게는 축복의 약속이나 징계의 경고가 동기를 부여하지 못한다. 자기를 사랑하지 않는 사람에게는 상급과 경고가 효력이 없다.

그러나 하나님과 이웃보다 우리 자신을 더 사랑할 때는, 상급과 경고가 영적으로 역효과를 낸다는 점 또한 알아야 한다. 이럴 때 상급은 이기심을 키운다. 이기심 때문에 결과를 무시하게 된다. 나의 주된 관심이 나 자신일 경우, 상급과 위로를 얻는 것이 하나님이 바라시는 섬김과 희생의 삶보다 앞선다.

이와 반대로, 순교자들이 자신을 불 가운데 내준 것은 자기 생명을 사랑하지 않기 때문이 아니라 구주를 영화롭게 하는 것을 모든 것보다 더 사랑했기 때문이다. 사랑이 그들의 섬김과 희생을 위한 동기와 능력을 준 것이다.

영적으로 유익할 때

그러면 우리가 자기 사랑을 올바른 우선순위, 즉 하나님 사랑과 이웃 사랑 다음에 두었을 때에도 순종을 위한 다른 동기가 있을 수 있을까? 성경의 대답은 분명히 '그렇다'이다. 하나님을 "자기를 찾는 자들에게 상 주시는 이"(히 11:6)시며, "사랑하는 자들을 징계하시는 이"(히 12:6)이심을 믿으라고 명령하신다.

우리 행위에 대한 하나님의 긍정적 혹은 부정적 반응은 우리가 순종하도록 동기를 부여하기 위한 것이다. 그러나 이런 동기부여가 경건을 낳으려면, 자기 사랑보다 하나님 사랑을 우선하는 삶을 살고 있어야 한다.

예를 들어, 우리는 하나님의 상급은 반드시 세상의 기준과 가치대로 판단할 수 있는 것이 아님을 명심해야 한다. "하나님의 나라는 먹는 것과 마시는 것이 아니요 오직 성령 안에 있는 의와 평강과 희락이라"(롬 14:17). 우리의 가장 큰 기쁨이 우리가 가장 사랑하는 주님의 뜻을 이루는 것일 때 비로소 그의 영적인 상급이 의미가 있거나 중요한 것이 된다.

최고의 상급, 그의 뜻

우리가 자신을 사랑하면, 스스로도 즐거우며 하나님의 영광의 도구가 되는 축복을 바라고 추구한다. 그러나 반드시 명심해야 할 것이 있는데, 이런 축복 가운데는 영적인 상급을 알고 주장하게 하는 고난도 포함되어 있다는 사실이다. 이 축복은 물질적 유익과 개인적 위로만을 구하는 사람들은 이해할 수 없는 것이다(롬 5:3-5; 골 1:24).

모든 것보다 하나님을 더 사랑하면 하나님의 뜻이 우리 안에서 이루어질 때 가장 만족하게 된다. 하나님께 영광이 되는 고통이면 자랑스러워하고 하나님의 사랑을 드러내는 기쁨이면 즐거워한다. 그의 형상을 본받게 하고 영적인 해악에서 돌아서게 하는 징계는 불평 없이 받아들인다. 우리 삶이 생산적이고 즐겁고 평화롭게 하는 일용할 양식과 특별한 공급을 감사한다. 그의 이름을 높이기 위해 기꺼이 희생한다. 이 모든 것이 가능한 이유는 우리 생명보다 하나님을 더 사랑하면서 우리 자신을 사랑하기 때문이다.

우리가 모든 것보다 하나님을 더 사랑할 때, 그의 뜻을 이루는 일이 우리의 가장 큰 상급이 된다. 이 사실 때문에 우리는 성경의 여러 동기들 가운데 마지막 동기, 즉 우리 자신을 사랑하는 일을 소중하게 여겨야 한다. 성경에 여러 가지 동기가 나오고 또 우선순위가 있음을 보았으니 이제 여러 동기들이 얼마나 잘 스며들어 침투하는지 살펴보자.

최고의 즐거움, 하나님의 우선순위

하나님을 사랑하기 때문에 하나님을 기쁘시게 하는 것이 우리의 가장 큰 즐거움이다. 하나님을 사랑하는 동기와 나를 사랑하는 동기 사이에는 울타리가 없다. 우리가 가장 사랑하는 분을 기쁘시게 할 때 우리도 가장 즐겁다. 우리가 가장 사랑하는 분을 만족하게 하는 것이 우리를 가장 만족하게 한다. 궁극적으로 성경은 우리가 내키지 않는 마음으로 억지로 하나님을 섬기는 것이 아니라 즐거움과 만족을 누리면서 하나님을 섬기도록 동기를 준다.

하나님을 사랑하는 것이 우리 마음에서 우러나는 최고의 우선순위일 때, 하나님을 영화롭게 하는 것이 우리 인생 최고의 즐거움이 된다. 하나님의 영광이 우리의 최고 목적일 때, 하나님의 명령과 부르심을 우리 삶에서 존중하는 것이 힘든 일이 아니라 기쁨이 된다. 비이기적인 섬김은 동시에 자기만족도 된다. 하나님 사랑을 우선하라는 성경의 가르침의 바탕에는 하나님의 영광은 물론 우리 마음의 만족에 대한 구주의 관심이 있다. 하나님을 최고로 사랑하는 일은 궁극적으로 자신을 가장 잘 사랑하는 방법이다.

chapter 19

'두려움'은 어떻게 이해해야 할까요?

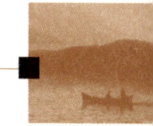

하나님을 공경하는 동기를 이야기하면서 '두려움'을 빼놓을 수 없다. 성경은 '여호와를 두려워하는 것'이 동기가 되선 안 된다고 말한다(신 6:24; 시 111:10; 잠 1:7; 빌 2:12 참조). 그러나 성경적 두려움이 성경의 여러 동기와 우선순위에 대해 하신 말씀과 상충되는 것으로 여기지 않도록 주의해야 한다(18장). 그러면 '성경적 두려움'이란 무엇인가?

성경적 두려움

하나님을 두려워하는 것에 대해서는 구약에 많이 언급된다. 그러나 신약의 예수님 탄생 이야기에서는 우리 주님이 "두려움이 없이 섬기게 하려고" 오셨다고 한다(눅 1:75). 천사들은 목자들에게 "두려워 말라"고 했다(눅 2:10). 무엇보다도 하나님을 더 사랑하라는 명령을 전달한 사도 요한은 "사랑 안에 두려움이 없고 온전한 사랑이 두려움을 내쫓나니"(요일 4:18)라고 했다.

주의하지 않으면 구약의 하나님은 두려워해야 하는 '치사한' 분이고, 신약의 하나님은 사랑을 원하는 '멋진' 분이라고 여기는 실수를 범하게 된다. 그런 결론은 우리 주님을 사랑하면서 동시에 두려워해야 할 분으로 소개하는 신구약의 많은 본문을 무시해야 한다. 그러므로 우리는 이 명령들이 어떻게 서로 모순되지 않고 공존하는지 알아야 한다.

떠는 것은 제외되는가?

전통적으로 이런 긴장을 해결하는 방법의 하나는 '두려움'을 양립 가능한 말로 정의하는 것이다. 우리는 이 히브리어에 해당하는 적절한 영어 단어가 없다는 것을 알고, 이 히브리어를 "경의"(reverence) 또는 "경외"(awe)로 번역한다. 이 단어들이 완전한 번역은 아니지만 도움이 된다.

이 대안적 번역어들이 적합하지 않은 이유는 하나님이 영광 가운데 우리 앞에 나타나시면 일어날 일을 우리가 알 수 있기 때문이다. 우리는 시내산 아래 이스라엘 백성이나, 그리스도의 탄생을 알리는 천사 앞의 목자들처럼 두려워 떨 것이다. 하나님의 강한 능력과 압도적인 임재는 당연히 경계와 겁, 혹은 경외가 생기게 한다. 위대한 지도자나 군사력 또는 자연의 경이로움 앞에서 떠는 것이 어떤 것임을 알기에 우리는 전능자께서 찬란한 영광과 큰 천둥소리와 함께 나타나실 때 그런 두려움이 생기는 이유를 어느 정도 이해할 수 있다.

해를 두려워하는 것은 올바른가?

그러면 하나님이 진정으로 원하시는 두려움은 어떤 것일까? 왜 하나님은 공포에 질린 백성들 대신 모세가 가까이 오게 허락하셨을까? 왜 천사들은 목자들에게 두려워 말라고 했을까? 분명 하나님은 경외를 원하신다. 그래서 하나님에 대한 경의를 유지해야 한다. 그러나 하나님을 영화롭게 하는 두려움은 우리에게 해를 끼칠 정도의 공포가 아니다. 오히려 그의 거룩하심과 능력, 사랑에 대한 존경을 말하는 것이다.

해를 두려워 말 것 한 설교자에게서 들은 이야기이다. 아이가 열이 나서 의사에게 데리고 갔다. 의사는 금세 주사가 필요하다는 것을 알았다. 아이의 두려움을 달래려고 엄마가 "조니, 주사는 아프지 않아"라고 말했다. 그런데 의사는 주사가 아플 것을 알고 있었다. 의사는 앞으로 치료할 때 아이가 자신을 신뢰해야 한다는 것도 알았다. 그래서 의사는 정직하게 "조니, 좀 아플 수도 있어. 그러나 네게 해롭지는 않아"라고 말했다.

하나님은 정직하게 그의 말씀을 통해 우리에게 이야기하신다. 징계하시는 하나님의 능력과 의지는 우리를 아프게 한다. 이는 성경에 나타난 부인할 수 없는 사실이다.

그러나 동시에 우리가 알아야 할 것은, 하나님은 결코 그의 자녀들에게 해를 입히지 않는다는 사실이다. 아버지께 그리스도와 연합한 사람들은 그의 아들과 동일하게 소중하다. 그들에게는 하나님의 행위가 온통 사랑과 치유와 성숙을 위한 것이다. 하나님은 자신의 자녀들을 절대로 해롭게 하시지 않는다. 그들에게 궁극적으로 유익한 것만을 주신다.

하나님이 우리를 절대로 해롭게 하실 의도가 없다고 해도 징계는 아플 수 있음을 부정할 수는 없다. 성경은 "무릇 징계가 당시에는 즐거워 보이지 않고 슬퍼 보이나 후에 그로 말미암아 연단 받은 자들은 의와 평강의 열매를 맺느니라"(히 12:11)라고 한다.

하나님의 징계는 결코 파괴나 처벌을 위한 것이 아니다. 하늘 아버지께서 징계하시는 목적은 우리를 죄의 위험에서 돌이켜 그의 품으로 돌아오게 하려는 것이다. 그래서 성경은 "주께서 그 사랑하시는 자를 징계하시고 그가 받아들이시는 아들마다 채찍질하심이라"(히 12:6)라고 한다. 만일 하나님이 우리를 사랑하시지 않는다면, 죄의 결과에 대해 경고하거나 죄의 마수에서 우리를 끌어내지 않으실 것이다.

징벌을 두려워 말 것 하나님의 징계는 징벌이 아니라는 글을 읽으면서 놀란 사람이 있을 것이다. 이에 대해 분명히 해 두어야겠다. 신자들은 아버지의 손에 징벌 받는 것을 두려워할 필요가 없다. 그렇다고 하나님이 우리 죄를 개의치 않거나 우리를 죄에서 돌이키도록 하는 일을 하시지 않는다는 것이 아니다.

징벌에 처벌의 의미가 포함되기 때문에 하나님은 자녀들을 징벌하지 않으신다. 우리의 과거, 현재, 미래의 죄에 대한 처벌은 모두 예수 그리스도께서 담당하셨다는 것을 기억해야 한다(골 2:13-14; 벧전 2:24; 3:18).

하나님의 자녀가 된 사람들에게는 이제 정죄함이나 징벌이 없다(롬 8:1). 그러나 하나님의 자녀에게는 징계가 있다. 징계와 징벌은 목적이 전혀 다르다. 징벌은 잘못된 행위를 처벌하기 위한 목적으로 죄 지은 사람에게 해를 입히려는 것이다. 징계는 그 사람을 해로운 데서 돌이켜 회복하고 성숙하게 하려는 것이다. 징벌과 징계 둘 다 아픔을 주지만, 징벌만 해를 입힌다. 징계는 하나님의 자녀들이 평안과 의의 열매를 얻도록 돕는다.

완전한 사랑

하나님이 징벌하신다면 공포에 질리는 것은 당연하다. 그러나 사도 요한은 하나님을 향한 완전한 사랑이 그런 두려움을 내쫓는다면서 "두려움에는 형벌이 있음이라 두려워하는 자는 사랑 안에서 온전히 이루지 못하였느니라"(요일 4:18)라고 하였다.

만일 우리의 순종이 우리가 탈선하기만 하면 벌하려고 기다리는 "하늘의 거인"을 달래거나 피하려는 것뿐이라면, 성경의 두려움을 이해하지 못했거나 하나님이 의도하신 대로 하나님을 사랑하지 못하는 것이다.

공포를 버리라

하나님에 대한 두려움은 우리를 성숙하게 하고 우리 마음을 하나님의 마음과 연합하게 한다. 이 두려움은 우리를 겁주고 숨게 만드는 공포가 아니다. 만일 우리가 하나님에 대해 공포를 가진다면 하나님의 지상 명령 (마음을 다하고 뜻을 다하고 힘을 다하여 하나님을 사랑하라는 명령)을 이룰 수 없다.

인간의 마음은 "나를 사랑하라. 아니면 너를 해칠 것이다"라는 명령에 진심으로 순종할 수가 없다. 그런 명령에 억지로 섬기고 순종할지는 모르지만, 성경이 요구하듯이 사랑할 수는 없다. 사랑이 하나님의 가장 큰 계명이 되는 이유는 하나님의 요구를 행할 의지와 능력을 제공해 주기 때문이다. 성경적 두려움은 그런 종류의 사랑을 타협하지 않는다.

그리스도 안에 나타나 있다

어쩌면 성경적 두려움을 이해하는 가장 좋은 방법은 누가 그것을 가장 잘 나타냈는지를 기억하는 것이다. 이사야서의 메시아 예언은 그리스도가 오실 것(사 11:1)과 그의 성품(사 11:2-4)을 확인시켜 준다.

이사야는 그리스도의 성품을 설명하면서 "지식과 여호와를 경외하는 영"으로 오실 것이며 그가 "여호와를 경외함으로 즐거움을 삼을 것"이라고 하였다. 하나님을 가장 잘 아는 그분은 여호와를 경외하는 것으로 즐거움을 삼는다. 만일 두려움이 공포에 떠는 것이라면 이 말은 성립되지 않는다. 그런 걸 즐거워할 사람은 없기 때문이다.

우리는 이 말을 예수님과 그의 하늘 아버지와의 관계에 비추어 해석해야 한다. 하늘의 가족 사이에는 완전한 사랑만이 있을 수 있다. 그 사랑은 하나님이 누구이신지를 아는 완전한 지식에 기초한다. 지식은 단순히 그의 능력과 거룩, 악에 대한 진노를 아는 것이 아니다. 그분의 자비와 온유하심, 사랑을 아는 지식을 포함한다. 올바른 두려움은 하나님의 모든 것을 올바로 고려하는 것이다.

올바른 대우

성경적인 두려움은 하나님의 능력과 위엄 앞에 단순히 겁을 먹거나 그의 사랑과 자비 앞에 엎드리는 것이 아니다. 우리가 아는 모든 하나님의 성품과 보살핌에 대한 올바른 대우이다. 우리가 그분의 모든 속성과 행위들을 머리로 생각하고 마음으로 받아들일 때, 그를 예배하는 것이 우리의 가장 큰 기쁨이 된다. 그런 두려움은 성경적 사랑의 반대가 아니라 그 근원이다.

chapter 20

'지옥'의 메시지는 은혜와 상반되지 않나요?

지옥이 존재하는 이유는 무엇일까? 하나님은 지옥으로 우리를 위협하여 하나님께로 돌이키도록 하시는 걸까? 매우 어렵지만 반드시 짚고 넘어가야 할 문제다.

겁을 주어 천국으로 인도할 수 없는 이유

예수님은 사함 받은 것이 많은 사람은 많이 사랑하고 사함 받은 것이 적은 사람은 적게 사랑한다고 가르치셨다(눅 7:47). 하나님의 가장 크고 근본적인 명령인 하나님 사랑을 실천하기 위해서는 하나님이 우리를 얼마나 많이 용서해 주셨는지 이해해야 한다.

우리가 하나님을 사랑하려면 단순히 그의 진노를 피하려는 것이 아니라 그의 은혜를 소중히 여겨야 한다. 그래서 당신을 사랑하지 않으면 해를 주겠다는 위협으로는 성경적 사랑을 이끌어 낼 수 없다는 것은 늘 진리다. 그런 위협은 하나님이 요구하시는 순종을 흉내는 내게 할지 몰라도, 하나님이 원하시는 사랑은 이끌어 내지 못한다.

이것은 사람들에게 겁을 주어 천국에 가게 할 수는 없다는 의미다. 우리와 그리스도와의 연합은 지옥 불에 던져지지 않고 황금 길을 가려는 자기만족의 선택이 아니다. 만일 자기만족에 대한 관심뿐이라면, 오로지 사탄에게서 나온 천국 사랑과 지옥에 대한 두려움만 있을 것이다. 천국이 의도하는 기쁨을 경험하려면 그리스도를 사랑해야 한다. 하나님을 기쁘시게 하고 우리를 만족하게 하는 사랑은 하늘의 괴물이 나오지 않도록 노력한 결과물이 아니며 그럴 수도 없다.

공의와 자비가 필요하다

지옥이 성경적인 순종과 사랑의 동기가 되려면, 자신의 뜻이 좌절된 신의 험상궂은 얼굴 이상의 것이 되어야 한다. 지옥이 진정한 거룩을 위한 동기가 되기 위해서는 먼저 하나님의 의로운 기준을 어긴 사람들의 정당한 운명을 인식해야 한다.

그 기준은 또한 하나님의 거룩하심에 근거한 것이며, 이를 어기는 행위는 영원한 형벌임을 알아야 한다. 이 모든 것이 이해되면 지옥 자체가 아니라, 지옥의 정당한 형벌에서 구원하시는 하나님의 자비가 하나님을 향한 사랑을 불러일으킨다. 사함 받은 것이 많다는 지식이 많이 사랑하게 한다. 이것은 천국의 기본 요건이다(마 22:37-38).

현재의 삶에서 구원받아야 한다

그러나 문제가 있다. 하나님의 의와 공의, 자비에 대한 성숙한 이해로 그리스도인의 삶을 시작하는 사람은 별로 많지 않다는 것이다. 대부분의 사람들이 그리스도께로 돌아오는 이유는 죽은 후에 지옥에 가지 않기 위해서가 아니라 현재의 삶에 절망했기 때문이다. 하나님의 심판을 피하는 것이 동기라면, 대부분의 사람들은 하나님이 원하시는 만큼 하나님을 사랑하지 않을 것이다.

대부분의 사람들이 초기에 그리스도를 사랑하는 이유는 지상에서의 삶이라는 현재의 '지옥'(고독, 공허함, 죄책감, 수치, 우울증, 중독, 대인관계 트라우마 등)에서 구출해 주셨기 때문이다. 그래서 예수님은 "수고하고 무거운 짐 진 자들아 다 내게로 오라 내가 너희를 쉬게 하리라"(마 11:28)라고 하심으로 자신의 영적 사역뿐 아니라 인간의 경험도 다루셨다. 주님은 이생의 고통이 다음 생의 위협 못지않게 다급하다는 것을 이해하셨다.

영원한 형벌을 이해하게 하라

영원한 형벌에 해당하는 죄를 지었다고 믿기 때문에 하나님의 자비를 구하는 사람이 있다는 것을 부정하지 않는다. 집단 살해와 영아 학대, 종족 살해, 인종 청소, 강간, 지하드, 조직적 고문 등이 존재하는 세상에서 이런 일은 부정할 수 없다. 그런 범죄의 악함을 깨닫고 그것이 지옥 형벌에 합당하다는 것을 알게 되는 사람이 있다면 하나님을 찬양해야 한다.

일반적인 오해

그러나 지적, 영적인 사람들이 구주께로 처음 돌이킬 때 이런 각성이 일어나는 것이 아니다. 대부분의 사람들은 처음 신앙생활을 시작할 때, 자신이 영원한 지옥 형벌에 합당한 죄를 지었다는 것을 전혀 모른다. 강단에서 외치는 소리를 듣고 생각에 빠지거나 깊은 죄책감을 느낀다 해도, 자신들이 왜 죄 때문에 영원한 지옥 형벌을 받아야 하는지 알지 못한다.

신학자들은 죄는 무한히 거룩하시고 영원한 하나님을 거스르기 때문에 사람들은 무한하고 영원한 지옥 고통을 당해야 한다는 논리로 지옥 교리를 옹호한다. 그것은 신학자에게는 이해가 될지 모르지만 다른 사람들에게는 진실로 들리지 않거나 공감이 되지 않는다.

비록 히틀러나 징기스칸, 이디 아민이 불못 속에서 만 년 동안 고통으로 신음한다 할지라도, 대부분의 사람들(특히 하나님의 형상대로 지음 받아 하나님이 주신 기준과 마음으로 바른 것을 아는 신자들)은 이런 괴물들의 고통을 끝내려 할 것이다. 그런 끝없는 지옥 고통이 유대인과 힌두인, 또는 세상에서 지은 죄가 별로 없는 것 같은 명목상의 그리스도인을 기다린다는 주장은 그리스도의 본성에서 연상되는 공의의 기준을 벗어나는 것으로 보인다.

그리스도의 의도

그러면 예수님이 성경에서 무엇보다 지옥에 대해 많이 말씀하신 사실을 어떻게 설명해야 할까? 자기 의를 의지하여 천국에 가려는 사람들에게 예수님이 가장 모진 말씀을 하셨다는 사실을 이해하면 어느 정도 대답이 될 것이다. 이들은 하나님의 아들을 통하여 하나님을 찾지 않는 사람의 미래는 하나님의 축복으로부터 완전하고 영원한 분리(지옥에 대한 성경의 가르침을 잘 요약한 말이다)라는 것을 알 필요가 있었다.

예수님은 자신의 배경이나 실패, 죄 때문에 천국을 바라볼 수 없다고 생각하는 사람들에게 자비와 은혜를 가장 많이 표현하셨다. 그들은 이생에서 하나님의 보살핌을 받을 수 없으며, 내생에서도 영적인 안전을 보장받을 수 없어 절망한다. 그래서 그리스도의 은혜가 환영받고 강력한 능력이 된다. 사랑받지 못한 자, 버림받은 자, 멸시받는 자를 향한 그리스도의 사랑이 그들의 마음을 그리스도께로 이끈다.

그리스도께서 지옥을 말씀하시는 의도는 주로 교만한 자들로 하여금 자신이 얼마나 절망적인가를 이해시키려 하시기 때문이다. 자기를 의롭게 여기는 사람은 명백한 죄를 지은 사람 못지않게 그분의 은혜를 갈망해야 한다. 그래야 천국에 들어갈 수 있다.

지상 지옥과 영원

지옥으로 겁을 주어 하나님을 사랑하게 할 수 없다면, 지옥이 성경에 그렇게 많이 나오는 이유는 뭘까? 부분적인 답은 사람들이 자신의 지혜와 평안, 만족의 길을 의지할 때 오는 지상의 지옥으로부터 돌아서게 하려는 것이다. 지금 여기서 그들이 스스로 만든 지옥은 그들의 영원한 지옥이 될 것이기 때문이다.

내가 원하는 것을 얻는다?

지옥이 영원한 한 가지 이유는 그곳에 있는 사람 가운데 하나님께 "저를 건져 주십시오, 저는 하나님을 영화롭게 하고 섬기기 원합니다"라고 할 사람이 없기 때문이다. 지옥은 하나님의 축복으로부터 완전히, 의식적으로 그리고 영원히 분리되는 것이다. 그곳에 있는 사람들은 자기가 원하는 것, 즉 하나님의 은혜의 보살핌과 영향력에서 떠난 완전한 자치를 얻을 것이기 때문이다.

신자들에게는(이들을 위해 성경이 쓰였고 성경의 비유들도 이들에게 자극을 주기 위한 것이다) 구주를 떠난 자치가 괴로움이 된다. 그리스도께서 그에 대한 정당한 결과로 지옥을 경고하시면서 구원을 제시하시는 것이 은혜다. 그래서 그들은 그리스도를 영원히 원한다. 구주보다 자기 통치와 자아를 원하는 사람들에게는 지옥이 그들의 원하는 것을 영원히 얻는 곳이 된다. 그곳에는 하나님의 축복이 없기 때문이다. C.S. 루이스는 이 영적 원리를 "지옥의 문은 안에서 잠겨 있다"[8]라고 깔끔하게 정리했다. 악한 자들은 빛보다 어둠을 더 사랑하기 때문이다(요 3:19).

지옥에는 죄로 인한 고통이 있지만 그들은 그리스도의 영광을 추구하는 것보다 지옥의 고통을 더 좋아한다. 어쩌면 그 이유는 존 파이퍼가 말한 것처럼 "하나님을 거부하는 사람들은 천국에서도 지옥에서처럼 비참할 수 있다"[9]는 것 때문일 것이다.

경고의 은혜

그리스도께서 지옥에 대해 그토록 많이 말씀하시는 이유는 그의 은혜가 그들이 선택한 결과에 대해 경고할 것을 요구하기 때문이다. 하나님은 거룩하고 공의롭기 때문에, 자신의 선함을 입증하시며, 그의 나라를 정결하게 하시고, 악한 자들을 징벌하실 것이다. 은혜는 이런 일을 하시도록 요구한다. 그의 은혜는 또한 지옥의 실상으로 경고를 받은 사람들에게 평안을 주신다. 옛 찬송가가 이를 잘 가르쳐 준다.

찬양하라, 무서운 경고를 주신 그 은혜,
우리를 치명적 안일에서 일으키셨네.
찬양하라, 약속으로 뜨겁게 하신 그 은혜,
찬양하라, 평안을 속삭이는 그 은혜를.[10]

그리스도의 은혜에서 떠나가는 사람들에게 하나님은 그의 거룩하심을 보이시고 그의 의로움을 실행하셔서, 그들이 선택한 열매를 먹게 하신다. 그들은 자신이 만든 자리에 누워, 하나님의 은혜의 나라로부터 고립되는 지옥을 경험할 것이다.

그러나 그리스도의 은혜로 돌아오는 사람들에게는, 하나님께서 그의 아들의 삶과 희생, 승리를 통하여 그의 공의와 거룩을 완전히 이루신다. 그래서 믿는 자들은 영원히 그의 사랑 안에 안식할 수 있다.

지옥 메시지는 하나님의 은혜에 반대되는 것이 아니다. 만일 우리가 사람들에게 겁을 주어 천국에 들어가게 하려고 하면서 하나님 사랑의 근원인 자비와 공의에 대해서 자세히 가르치지 않는다면, 은혜로 지옥을 가르치는 것이 아니다. 만일 우리가 영원한 결과에 대해 경고하지 않는다면 그리스도의 은혜를 제대로 적용하지 못한 것이다. 그렇지만 우리가 은혜를 이야기해 주어 그들을 스스로 만든 지상의 지옥은 물론 하나님이 만드신 영원한 지옥에서 벗어나게 하지 않는다면, 그들은 하나님의 말씀이 요구하고 그들의 마음이 원하는 하나님 사랑을 실천하기 어려울 것이다.

chapter 21

이후에 짓는 죄는 어떤 영향을 미치나요?

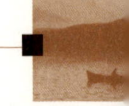

은혜로 인해 마음에서 화학 반응이 일어나 순종을 격려하는 것과 죄의 결과를 은혜가 경고하면서 격려하는 순종은 서로 팽팽한 긴장으로 이어질 수 있다. 마음의 화학 반응을 위해서는 하나님의 사랑과 자비, 용서를 확신해야 한다. 경고를 위해서는 죄의 결과와 징계, 심판을 알아야 한다. 이 둘이 어떻게 결합되어야 하나님의 사랑을 잃는 위험을 겪지 않을까? 어떤 것도 우리와 하나님과의 관계를 변화시킬 수 없을까? 우리가 죄를 지어 하나님을 배신해도 그럴까?

조건적 관계

인간관계가 조건적 성격을 가지기 때문에 하나님의 사랑도 우리가 순종하는 정도에 따라 늘고 준다고 생각할 수 있다. 만일 부모님이나 선생님 또는 고용주가 우리의 성취한 정도에 따라 받아 주고 받아 주지 않고를 결정하면 인생을 농구 경기처럼 생각하게 된다. 충분히 점수를 따면 인정과 칭찬을 받고, 엉망으로 하면 벤치 구석 자리로 쫓겨난다고 생각하는 것이다.

죄의 결과에 대해 이런 오해를 낳을 수 있다. 신자의 삶 속에 있는 죄는 영적인 징계와 고통스러운 결과를 낳을 수 있다. 불신자의 삶 속에 있는 죄는 분명히 지상에서와 영원한 세계에서 결과가 따른다. 그러나 이런 사실은 하나님이 그의 자녀들의 죄 때문에 사랑을 거두어 가신다는 의미는 아니다.

부모와 비슷하다

우리 자녀들이 불순종하면 나는 화가 나서 징계를 하고, 또 그들에게 유익하다고 생각되는 생활 방식을 길들이기 위해 후속 조치를 할 것이다. 나는 불완전한 부모다. 그래서 이런 일을 할 때 한결같이 이기적이지 않은 마음으로 자녀들의 행복을 최우선으로 하지는 못한다. 그러나 아이들이 아무리 심한 불순종을 해도 그들은 여전히 나의 자녀다. 그들을 향한 나의 태도와 행동이 변해도 이 관계는 변하지 않는다.

우리 하늘 아버지는 완전한 부모이시다. 그래서 이런 모든 일을 완벽하고 은혜롭게 계산하신다. 하나님도 분노하시고, 징계하시고, 우리에게 유익한 생활 방식을 길들이기 위해 후속 조치를 하실 것이다. 하나님은 모든 일에서 우리 유익을 우선순위에 두신다.

하나님은 일을 엉망으로 만들지 않으신다. 하나님은 자신의 영광을 한 점도 희생시키지 않고, 자비와 죄의 결과가 균형을 이루게 하신다. 하나님의 행위와 칭찬은 변할 수 있어도 우리와 하나님 사이의 관계는 변하지 않는다. 우리의 죄책을 제거하는 그 은혜는 우리를 위한 사랑, 변함없는 사랑도 확보한다. 우리는 늘 그의 자녀로서 그의 사랑 안에 안전히 거한다. 이것이 새로운 순종의 동기와 능력을 준다.

변하는 것과 변하지 않는 것

하나님께 대한 우리 반응에 균형을 확보하기 위해 우리는 하나님과의 관계에서 변하는 것과 변하지 않는 것을 생각해야 한다. 아래 표의 목록에 우리와 하나님과의 관계에서 변하는 것과 변하지 않는 것을 모두 다 적지는 않았다. 다만 이 목록이 하나님께서 우리 죄를 다루면서도 하나님의 은혜가 우리 마음을 사로잡는 원리를 설명할 수 있기를 바란다.

우리와 하나님과의 관계 [11]

변할 수 있는 것	변할 수 없는 것
우리의 교제 [12]	우리의 가족 신분 [16]
우리의 축복 경험 [13]	우리 행복을 바라는 하나님의 소원
하나님의 사랑에 대한 우리 확신 [14]	우리를 위한 하나님의 애정
우리 행위에 대한 하나님의 기쁨 [15]	우리를 위한 하나님의 사랑
하나님의 징계	우리의 운명 [17]
우리의 죄책감	정죄함으로부터 자유 [18]

확신이 변할 수 있는 이유

그렇지만 하나님의 은혜에 대한 우리 확신이 순종의 동기와 능력을 주는 방식을 상세히 다루는 책에서, 우리 죄 때문에 하나님의 사랑에 대한 우리의 확신이 변할 수 있다는 것을 보면(표의 중간) 이상할 것이다. 그러나 하나님의 자비와 용서에 대한 확신은 그를 사랑하는 사람들에게 적용된다는 사실을 말하지 않을 수 없다(롬 8:28). 성경 어디에도 사랑을 하나님을 배반하기 위한 은혜와 용서라고 정의하는 데는 없다.

만일 우리가 회개하지 않고 계속 죄 가운데 거한다면, 하나님의 은혜가 우리에게 있다고 주장할 수 있는 성경적 근거가 없다(롬 6:1-2; 히 10:26-27). 물론 하나님은 우리의 거역에도 불구하고 우리를 사랑하시겠지만, 거역이 습관이라면 우리는 마음속에서(하나님이 사실이라고 알려 주시는 것이 아니라 우리가 느끼는 것) 확신을 거의 가질 수가 없을 것이다.

죄에 대한 안타까움, 배신에 대한 회한, 우리가 한 일에 대한 유감은 우리 마음 안에 성령께서 계신다는 증거들이다(엡 4:30; 약 4:8-10). 우리가 이런 것을 경험하지 않는다면, 우리를 향한 하나님의 굳건한 사랑이 있음에도 불구하고 확신을 가질 수 없다.

슬픔의 증거

우리의 마음이 은혜로 변화되지 않는 한 우리는 죄에 대해 슬퍼하거나 하나님과의 관계를 염려하지 않는다(롬 8:5; 고전 2:14). 성령의 감동을 받지 않은 마음은 하나님의 임재를 원하지 않는다. 오히려 그의 길을 미워하여 그의 사랑에 대해 마음을 완고하게 할뿐이다. 우리가 의심에 빠져 있을 때, 우리를 사랑하시는 하나님을 배신하고 근심하게 했다는 안타까운 마음이 드는 경우가 있는데, 그것은 성령이 우리 안에 계신다는 증거다.

죄가 우리를 하나님의 보살핌으로부터 떨어지게 했다는 진정한 근심이 있으면 우리는 기뻐해야 한다. 그런 근심은 실제로 하나님이 우리를 보살피신다는 증거요, 우리 안에 성령이 계신다는 표시이기 때문이다. 그런 근심은 하나님과의 교제를 회복시키는 성경적 회개의 첫 단계이다.

회개의 한계

여기서 주의해야 할 것이 있는데, 교제의 회복(매일 사랑 가운데 친밀하게 누리는 하나님과의 교통 회복)은 관계의 회복이 아니다. 다시 말하지만 우리 관계는 변하지 않는다. 그것은 특정 죄에 대한 회개를 했든 아직 하지 않았든 상관이 없다. 비록 우리가 영적 거역과 냉담함으로 먼 나라로 갔더라도 여전히 하나님의 자녀이다(눅 15:11-32). 회개하지 않은 상태에서는 그 관계에 대한 확신을 갖지 못할 수 있다. 그러나 그 관계가 무너지진 않았다.

회개가 관계를 결정하는 것이 아니다 신자와 그리스도와의 지속적인 관계는 신자의 일상적인 회개에 영향을 받지 않는다. 여기서 말하는 것은 처음 그리스도를 영접하는 고백을 할 때 하는 회개가 아니다. 그때 우리는 죄를 미워하여 고백했고, 죄로부터 하나님께로 돌이켰다. 그리고 그리스도께서 우리를 위해 하신 일을 믿었다. 그의 은혜를 받아들이고 그의 길을 따르기로 결심했고, 현재와 영원을 위해 주께서 예비해 주신 것 안에 안식하게 되었다. 그와 동시에 하나님은 우리가 용서받았고, 깨끗하게 되었으며, 자녀가 되었고, 영원히 그리스도와 연합했다고 선언하셨다.

우리가 처음 회개할 때 하나님이 우리와 가족 관계를 맺으셨다는 사실을 주목하라. 그 순간부터 우리는 하나님의 자녀로 간주되고, 그리스도의 의로 옷 입으며, 이미 그리스도와 함께 하나님 우편에 앉았다(엡 1:13; 2:6; 5:1). 이 가족 관계는 우리가 매일 하는 회개를 잘못하거나 빠뜨린다고 위협받지 않는다.

회개해야 할 죄를 기억하지 못하거나, 회개했는지 알지 못하거나, 알고도 제대로 회개하지 못하거나, 조금 깨달아서 완전히 회개하지 않았거나, 자백하고도 죄를 버리지 않았거나, 자백하고 버렸지만 다시 범죄할 수 있다. 그러나 이것 때문에 하나님이 은혜를 거두시지 않는다. 내가 문제 있는 자녀이기 때문에 하나님의 자녀이기를 멈추는 것은 아니다.

여기서 하나님의 용서를 받는 방법에 대해 흔히 가르치는 것을 짚고 넘어가야 하겠다. 요한일서 1장 9절로 매일 회개하는 기도(매일의 허물과 죄에 대한 용서를 구하는 기도)를 드려야 한다고 배운 사람이 있을지 모른다. "만일 우리가 우리 죄를 자백하면 그는 미쁘시고 의로우사 우리 죄를 사하시며 우리를 모든 불의에서 깨끗하게 하실 것이요"(요일 1:9).

이 가르침이 진리이기 때문에, 이 동전의 다른 면도 진리가 아닐까? 다시 말해 만일 우리가 우리 죄를 자백하지 않으면, 하나님이 우리 죄를 사하여 주시지 않는 것 아닐까? 이 질문에 대한 대답은 강력하게 "그럴 수 없다"이다. 그렇지 않으면 우리 모두는 큰 위험에 처하게 된다.

매일의 회개가 필요하지 않다는 말이 절대 아니다. 그리스도와 마음을 나누는 교제의 축복을 누리려면 회개가 필요하다. 그러나 매일의 회개가 그리스도와의 관계를 좌지우지하지 못한다.

고백은 우리가 뉘우쳤다고 하나님을 설득하는 것도 아니고, 하나님의 은혜를 받을 자격을 얻기 위한 것도 아니다. 성경적인 고백은 그리스도를 통하여 이미 주신 안식을 겸손하게 구하는 것이다. 마찬가지로 회개는 은혜를 획득하거나 은혜에 들어가기 위한 것이 아니다. 하나님의 진노를 달래려는 것이 아니라 우리 마음의 고소를 잠재우려는 것이다. 그의 자비의 문을 여는 것이 아니라 죄로 아픈 우리 슬픔을 구주께 토하는 것이다. 구주는 벌써 우리를 기쁘게 받아 주셨다. 이렇게 생각하지 않으면 위험한 길로 가게 된다.

회개 때문에 용서하시는 것이 아니다 하나님의 현재 사랑이나 영원한 사랑이 우리의 회개로 결정된다면 우리는 큰 위험에 빠지게 된다. 우리의 마음과 이해는 불완전하기 때문에, 우리 죄를 다 보지 못하고 성숙한 만큼만 보게 된다. 완전하게 보는 일은 영원히 불가능할 것이다(시 19:12).

그래서 우리가 완전히 회개해야 완전히 용서받을 수 있다면, 우리 중 누구도 완전히 용서받을 수 없다. 우리 중 누구도 거룩하신 하나님이 요구하시는 대로 완전하고 완벽하게 회개할 수 없다.

그렇다면 우리는 완전히 용서받을 수 없다는 말인가? 아니다. 우리는 죄에 대하여 죽고 그리스도에 대하여 살았다. 그리스도와 연합하여 그 안에 감추어졌고, 그의 피를 믿음으로 완전히 깨끗하게 되었다. 그것은 완전한 회개 때문이 아니다(롬 6:10-11; 벧전 3:18).

회개의 축복

우리가 회개를 많이 할수록 그리스도와의 교제를 막는 담을 더 많이 허물 수 있다. 그리고 그분이 이미 마련해 주신 용서의 기쁨을 더 많이 누리게 된다. 용서는 우리가 하나님을 향해 회개의 기도라는 항해를 시작할 때 이미 우리를 둘러싸고 있는 바다와 같다. 우리 기도가 바다를 만드는 것이 아니다. 우리는 다만 이미 존재하는 그 끝없는 바다 위를 평화롭게 항해할 뿐이다.

회개로 용서를 획득하는 것이 아니다. 회개는 다만 용서 받은 사람이 평안을 경험하게 할 뿐이다. 그리스도를 의지하는 자는 이미, 완전히, 그리고 영원히 그의 의로 옷을 입었다(갈 3:27; 골 3:4). 우리 하나님은 지금 "우리를 위하신다." 하나님이 우리에게 하시는 모든 일은 "은혜"에 맞추어져 있다. 그것이 바로 용서, 즉 은혜로 다른 사람의 영혼을 축복하기를 원하는 것이다(롬 8:32).

이것은 비록 우리가 죄로 인해 하나님의 징계를 받을지라도, 여전히 용서를 받는다는 것을 의미한다. 하나님은 변함없이 오직 은혜를 바탕으로 움직이신다. 그래서 오직 우리에게 가장 좋은 것만을 원하시고 주신다.

용서와 사면 그러나 하나님이 우리의 과거, 현재, 미래의 허물을 완전히 용서하시면서, 동시에 우리 죄에 대한 결과를 묻는다니 믿을 수 있는가? 그 대답은 용서와 사면이 같지 않다는 데 있다.

용서는 우리와 하나님 사이의 관계를 가로막는 장벽을 무너뜨리는 은혜를 말한다. 한편 사면은 죄의 결과를 제거하는 것을 말한다. 하나님은 용서하시는 분이기 때문에 죄책에 대해 영적으로 가장 좋은 것만을 원하신다. 하나님은 우리와 우리 삶이 접촉한 사람에게 좋은 것을 원하시기 때문에, 영원히 용서하신 그 죄가 세상에서 미치는 결과에 대해 사면해 주시지 않는다. 이 말은 살인죄를 범한 사람을 완전히 용서하셔도 교도소 형을 요구하신다는 의미이다.

모든 신자는 자신의 죄에 대해 영원한 사면을 경험할 것이다. 그러나 은혜는 때로 이 생에서 죄의 결과를 감당하게 함으로써 더 큰 죄와 해로부터 우리를 보호한다(엡 4:28; 6:4; 살후 3:10). 지금도 하나님은 용서하시고 우리의 죄책을 면제하시지만, 이 세상에서 죄의 결과를 사면하는 일에 대해서는 우리의 영적 유익과 사회의 유익을 고려하여 하나님의 지혜와 자비와 공의를 바탕으로 결정하신다.

사로잡고 강권하는 은혜 은혜는 결코 사라지지 않는다. 하나님은 우리 죄에도 불구하고 우리와의 관계를 유지하신다. 은혜는 우리 회개가 불완전함에도 불구하고 우리를 용서하게 한다. 은혜는 우리를 영적인 해로부터 보호하기 위하여 죄의 결과를 선별한다. 이 은혜가 우리 마음을 사로잡으면, 우리를 강권하여 그 은혜를 넘치도록 주시는 하나님을 사랑하고 섬기게 한다.

궁극적으로 우리가 하나님의 넘치는 사랑을 민감하게 느끼게 하는 것이 매일 회개하게 하시는 하나님의 목적이다. 회개할 때 우리를 향한 하나님의 사랑이 얼마나 크며, 또 하나님을 향한 우리의 배신 죄가 얼마나 큰가를 깨닫는다.

우리 회개가 하나님의 은혜를 획득하는 것이 아니다. 회개는 우리 죄에 대한 아픔과, 죄에서 돌이켜 하나님과 동행하는 길로 가기 원하는 우리 소원을 표현하는 것이다. 우리 목적은 하나님의 신실하심이 아니라 우리의 신실함이다.

많은 사람들은 자신의 죄를 중단할 수 없기 때문에 죄에 대한 고백을 중단한다. 그들은 우리의 반복되는 고백 때문에 하나님이 더 진노하실 거라고 생각한다. 그런 사람들에게 "계속 고백하세요"라고 말해 주어야 한다. 우리 주님은 수고하고 무거운 짐진 자들이 계속해서 찾는다고 해서 지치지 않으신다. 주님의 은혜가 이보다 크다. 오히려 우리가 죄를 고백하는 일에 신실하면, 주님은 우리 죄를 계속 용서하시는 일에 영원히 신실하실 것이다.

나아가 하나님은 우리가 쉬지 않고 매일 드리는 고백을 사용하여 죄를 점점 더 싫어하는 마음을 갖게 하신다. 그리하여 우리 삶에서 죄를 내뱉을 수밖에 없게 만드신다. 이것은 성숙한 회개가 요구하는 것이다. 우리가 신실하게 죄를 거듭거듭 고백하면, 고백하는 일을 거듭거듭 주저하지 않게 될 것이다. 마침내 우리 영혼은 하나님과 우리 사이를 가로막는 장벽을 견딜 수 없게 될 것이다. 하나님은 우리가 하나님께로 오는 것을 결코 싫증내지 않으신다.

고백은 우리 영혼에 유익하다. 같은 죄를 거듭거듭 고백해야 해도 유익하다. 죄를 거듭 짓는다는 것이 고백을 거듭하는 일을 중단할 이유가 되지 못한다. 일흔 번씩 일곱 번이라도 용서하라 하신 분께서는 우리가 그보다 더 많이 고백해도 받아 주실 마음을 가지고 계신다 (마 18:22).

끈질기고 한결같은 하나님의 은혜는, 우리가 구할수록 하나님을 향한 사랑과 죄에 대한 미움을 자극한다. 그것이 영적 승리를 주는 마음의 화학 반응이다.

주

1) 이야기는 살짝 변형되었으나 안셀무스와 앗시시의 프란시스, 끌레르보의 베르나르 등에서 나왔다고 들었다. 현재 형태의 이야기는 출처를 찾으려 했으나 찾을 수 없었다. 어쩌면 끌레르보의 베르나르의 책에서 나온 것 같다. *On Love God*, chap. 3; 참조, http://www.ccel.org/ccel/bernard/loving god.v.html.
2) W. H. Auden, "For the Time Being: A Christmas Oratorio," in *The Collected Poetry of W. H. Auden* (New York: Random House, 1945), 459.
3) Thomas Chalmers, *Sermons and Discourses*, 2 vols. (New York: Carter, 1844), 2:271.
4) 남아공 장로교회 총회장을 지낸 마아크 마산고 목사(Rev. Maake Masango)가 메노나이트 선교위원회장 스탠리 그린(남아공인)에게 한 말로, 다음 책에서 인용함. James R. Krabill, "Fainting to the Tune of 'Amazing Grace,'" *Keep the Faith/ Share the Peace* 5, no. 3 (June 1999): 1-2. 이 이야기를 확인하려면 다음 자료를 참고하라. "Storytelling (Van der Broek and the Truth and Reconciliation Commission)," *Geoff's Shorts* (blog), October 28, 2011, http://geoffsshorts.blogspot.com/2011/10/story telling -van -der -broek -and -truth.html; Philip Yancey, reply to Richard Cronin, August 8, 2013 (3:25 a.m.), comment on "Happy Birthday, Nelson Mandela," *Philip Yancey* (blog), July 19, 2013, http://philip yancey.com/happy -birthday -nelson -mandela. Unlimited
5) 하이델베르크 요리문답 문. 86을 편집함.
6) Sidney Greidanus, *Sola Scriptura: Problems and Principles in Preaching Historical Texts* (Toronto: Wedge, 1970).
7) See Bryan Chapell, *Christ-Centered Preaching: Redeeming the Expository Sermon*, 2nd ed. (Grand Rapids, MI: Baker, 2005), 48-54.

8) C. S. Lewis, *The Problem of Pain* (New York: Macmillan, 1962), 128.
9) John Piper, *The Romantic Rationalist: God, Life, and Imagination in the Work of C. S. Lewis* (Wheaton, IL: Crossway, 2014), 152.
10) Francis Scott Key, "Lord with Glowing Heart I'd Praise Thee," 1817.
11) See Bryan Chapell, *Holiness by Grace: Delighting in the Joy That Is Our Strength* (Wheaton, IL: Crossway, 2001), 196.
12) 여기서 "교제"는 하나님과 교통하면서 그리고 우리의 행동을 하나님이 인정해 주신다는 것을 앎으로써 우리가 매일 누리는 즐거움을 말한다. 이 말에 대한 좀 더 전문적인 논의와 그 조건적인 성격을 알려면 다음 책을 참조하라. John Murray, *The Covenant of Grace* (1953; repr., Phil\-lipsburg, NJ: Presbyterian and Reformed, 1988), 19; also, John Murray, *Principles of Con\-duct* (Grand Rapids, MI: Eerdmans, 1957), 198.
13) 하나님은 모든 일이 합력하여 선을 이루게 하신다는 의미에서 그의 백성에 대한 축복을 그치지 않으신다(롬 8:28). 하나님의 징계도 자녀들을 해로운 것에서 돌이켜 구주께로 돌아가게 하려는 의도다(히 12:11). 그렇지만 징계하시는 사랑과 칭찬하시는 사랑 경험은 매우 다르다.
14) 웨스트민스터 신앙고백 18장 4절을 보라. "참된 신자들도 자신의 구원에 대한 확신이 여러 가지로 흔들리거나, 감소되거나, 중단될 수 있다. 그런 일은 확신을 지키는 일에 태만하거나, 양심을 해치고 성령을 근심케 하는 어떤 특정한 죄에 빠지거나, 뜻밖의 혹은 격렬한 유혹에 의하거나, 하나님께서 자기의 얼굴빛을 거두시거나, 하나님께서 자기를 경외하는 사람에게조차 흑암 중에 걷고 빛이 없도록 내버려 두심으로 일어난다. 그러나 그들은 결코 하나님의 씨, 믿음의 생명, 그리스도와 형제들에 대한 사랑, 마음의 신실함, 의무의 양심이 완전히 없어지지 않는다. 그렇기 때문에 성령의 활동에 의하여 이 확신은 적당한 때에 되살아난다. 그리고 그 동안에도 그들은 극한 절망으로부터 보호를 받는다."
15) 우리를 향한 하나님의 무조건적이고 영원한 애정은, 그가 우리의 그릇된 행동을 인정하신다는 것도, 우리의 유익을 위하여 그런 행동을 다루는 일을 하지 못한다는 의미가 아니다(시 118:18; 엡 4:30).
16) 롬 8:15; 요일 3:1
17) 요 10:28; 롬 8:28-30, 35-39. See also Bryan Chapell, *In the Grip of Grace: When You Can't Hang On* (Grand Rapids, MI: Baker, 1992), 91-116.
18) 롬 8:1. 죄책감은 우리가 그리스도의 사랑을 저버리고 성령을 근심하게 했을 때 갖는 죄책에 따르는 경험이다. 하나님은 이것을 이용하여서 우리를 죄로부터 돌이키게 하신다. 그러나, 우리의 죄에 대한 객관적인 심판은 이미 그리고 영원히 그리스도의 십자가에서 해결되었다. 그래서 우리는 하나님으로부터 떨어지는 죄책을 다시는 갖지 않는다(롬 8:35-39; 갈 2:20).

사명선언문

너희가 흠이 없고 순전하여……세상에서 그들 가운데 빛들로
나타내며 생명의 말씀을 밝혀 _ 빌 2:15-16

1. 생명을 담겠습니다
만드는 책에 주님 주신 생명을 담겠습니다.
그 책으로 복음을 선포하겠습니다.

2. 말씀을 밝히겠습니다
생명의 근본은 말씀입니다.
말씀을 밝혀 성도와 교회의 성장을 돕겠습니다.

3. 빛이 되겠습니다
시대와 영혼의 어두움을 밝혀 주님 앞으로 이끄는
빛이 되는 책을 만들겠습니다.

4. 순전히 행하겠습니다
책을 만들고 전하는 일과 경영하는 일에 부끄러움이 없는
정직함으로 행하겠습니다.

5. 끝까지 전파하겠습니다
모든 사람에게, 땅 끝까지, 주님 오시는 그날까지
복음을 전하는 사명을 다하겠습니다.

서점 안내

광화문점 서울시 종로구 새문안로 69 구세군회관 1층
02)737-2288 / 02)737-4623(F)

강남점 서울시 서초구 신반포로 177 반포쇼핑타운 3동 2층
02)595-1211 / 02)595-3549(F)

구로점 서울시 동작구 시흥대로 602, 3층 302호
02)858-8744 / 02)838-0653(F)

노원점 서울시 노원구 동일로 1366 삼봉빌딩 지하 1층
02)938-7979 / 02)3391-6169(F)

일산점 경기도 고양시 일산서구 중앙로 1391 레이크타운 지하 2층
031)916-8787 / 031)916-8788(F)

의정부점 경기도 의정부시 청사로47번길 12 성산타워 3층
031)845-0600 / 031)852-6930(F)

인터넷서점 www.lifebook.co.kr